2016—2017 年全球工资报告

工作中的工资不平等

国际劳工组织　著

中国财经出版传媒集团
中国财政经济出版社

本书英文版由国际劳工局（日内瓦）出版，书名为：Global Wage Report 2016/17. Wage inequality in the workplace

© 2016 International Labour Organization

本书中文版由中国财政经济出版社获得授权翻译并出版，书名为《2016—2017 年全球工资报告：工作中的工资不平等》

© 2018 年，中国财政经济出版社

国际劳工组织出版物中所用的称号符合联合国惯例，且其中的内容和材料并不意味着国际劳工局认可任何国家、地区或领土的法律地位或其当局，或关于其疆界的划定。

本书的研究和文稿所持的观点尤其书名作者负责，国际劳工局对其观点和看法不负任何责任。

书中所提及的公司名称、商品和流程并不意味着国际劳工组织对其的认可，未能提及的特定公司名称、商品和流程也不应被视为不被认可的象征。

国际劳工组织对中文翻译的准确性和完整性，以及翻译的不准确、错误和删减及由此造成的后果不承担任何责任。

图书在版编目（CIP）数据

2016—2017 年全球工资报告：工作中的工资不平等/国际劳工组织著 . —北京：中国财政经济出版社，2018. 3

书名原文：Global Wage Report 2016/17：Wage inequality in the workplace

ISBN 978 - 7 - 5095 - 8005 - 9

Ⅰ. ①2…　Ⅱ. ①国…　Ⅲ. ①工资 - 研究报告 - 世界　Ⅳ. ①F249. 1

中国版本图书馆 CIP 数据核字（2018）第 003031 号

责任编辑：吴　敏　　　责任校对：李　丽

封面设计：录文通　　　版式设计：录文通

中国财政经济出版社出版

URL：http：//www. cfeph. cn

E - mail：cfeph @ cfeph. cn

（版权所有　翻印必究）

社址：北京市海淀区阜成路甲 28 号　邮政编码：100142

营销中心电话：88190406　北京财经书店电话：64033436　84041336

北京时捷印刷有限公司印刷　各地新华书店经销

880 ×1230 毫米　16 开　9. 25 印张　100 000 字

2018 年 3 月第 1 版　2018 年 3 月北京第 1 次印刷

定价：40. 00 元

ISBN 978 - 7 - 5095 - 8005 - 9

图字：01 - 2018 - 0219

（图书出现印装问题，本社负责调换）

本社质量投诉电话：010 - 88190744

打击盗版举报热线：010 - 88190414　QQ：447268889

目录

第三部分　总结与结论

专栏

图

表

前言

联合国通过的《2030 年可持续发展议程》确定了一系列全球性政策议题，为所有人提供体面的工作机会、减少就业不平等是该议程设立的重要目标之一。工资增长和工资不平等问题对该议程的实现有重要意义。可持续发展目标 8 指出，要“促进持久、包容和可持续的经济增长，促进充分的生产性就业，确保人人有体面工作”，并强调同工同酬的重要性。目标 10 呼吁“减少国家内部和国家之间的不平等”，尤其要重视最贫困的 40% 人口的收入增长问题，呼吁各国消除歧视，并通过实施财政、工资、社会保护等政策，有效推进社会平等。劳动报酬占国内生产总值（GDP）的比重能够反映平均工资增长和劳动生产率之间的关系，因而被视为该领域的重要指标。二十国集团（G20）成员均对不平等问题表示出极大关注，认为不断加剧的社会不平等对社会凝聚力和政治团结构成诸多挑战，给经济增长带来极大负担。[1]

国际劳工组织（ILO）已经连续 10 年出版《全球工资报告》，该 2016—2017 年度报告是其中的第 5 本。《全球工资报告》通过数据对比和信息汇总，向政府、社会伙伴、学术界和公众直观呈现最新的工资趋势，从而有助于实现平等就业。最新的报告揭示的趋势表明，全球实际工资增长率在 2008 年经济危机爆发后骤降，直至 2010 年才有所回暖，但增速明显放缓。如果剔除增速较其他经济体更强劲的中国，2015 年全球工资增速下降了 1%。正如我在 2016 年 10 月举行的世界银行和国际货币基金组织年会上所言，推动工资增长需要进一步刺激消费，以及相应的可持续的工资政策和社会保障政策。[2] 提高工资和促进体面的就业机会对于当前全球经济摆脱缓慢增长陷阱而言至关重要。

此前的《全球工资报告》多以家庭为单位考察工资和收入不平等，2016—2017 年则主要从企业层面入手。具体而言，本年度的报告认为，从一定程度上来看，工资不平等是企业内部工资不平等和企业间工资不平等所共同导致的。这一结论以近来的创新性经济学研究为基础，并得到了最新数据的支撑，揭示了员工及其所就职企业的具体信息。该研究指出，在很多国家，企业间工资不平等的变化是造成整体工资不平等的重要因素。报告特别对企业内部的工资不平等以及此类不平等对整体

1 http：//g20. org. tr/wp – content/uploads/2015/11/G20 – Policy – Priorities – on – Labour – Income – Share – and – Inequalities. pdf.

2 http：//www. ilo. org/global/about – the – ilo/newsroom/statements – and – speeches/WCMS_ 531665/lang – – en/index. htm.

工资不平等的贡献值进行了研究，我们认为这方面的影响程度在此前或被低估。考虑到那些位于前 1% 的企业与其余企业之间的巨大差距，我们认为企业内部的工资不平等，尤其是大型企业中的工资不平等，已经造成非常严重的影响。在随后的内容中，我们将具体阐述这些研究结果的重要意义。

本年度的报告还提出了另一个新议题，要重视社会对话和集体谈判在提高包容性增长中扮演的重要角色。已有的证据表明，集体谈判的广度和力度越大，收入的分化就越小，经济增长也越稳定。政府与社会伙伴之间的三方合作能够通过确立有序合理的框架，为集体谈判的有效性创造良好氛围，从而扮演了十分重要的角色。ILO 的“三方性原则”反复强调，确立最低工资的首要准则是社会伙伴能在平等原则下直接参与最低工资磋商和实施的各个阶段。[3]

我相信，这份报告能够延续该系列报告的传统，促进相关政策的讨论，并为全球范围内的社会对话提供重要素材。

Guy Ryder

盖伊・莱德（Guy Ryder）

国际劳工组织总干事

3 可参见 2014 年 ILO 大会关于最低工资系统相关调查所应用原则的讨论结果。

“我们不应该将今天严峻的不平等问题视作人们不可控力量的产物。”——安东尼·B. 阿特金森，《不平等：我们可以做些什么?》(2016)*

致谢

本报告是由国际劳工组织包容性劳动力市场、劳动关系和工作条件司（IN-WORK）的工作人员，以及在日内瓦和其他地区局的国际劳工组织的同事们共同完成的，INWORK 司长 Philippe Marcadent 负责组织领导工作。Patrick Belser 和 Rosalia Vazquez - Alvarez 是报告的主要撰写人。Nicolas Maitre 在 Ding Xu 和 Rosalia Vazquez - Alvarez 的协助下完成了第一部分的分析工作，并对第二部分的内容进行了协调。Chris Edgar 协调编辑和出版，以及该报告的同行匿名评议工作。Christian Olsen 设计了封面。ILO 副总干事 Deborah Greenfield 和 Sandra Polaski 为本报告的高质量完成提供了十分有益的意见和指导。

具体撰稿人

本报告的第二部分基于 Flor Brown、Tobias Haepp、Asier Mariscal、Roxana Maurizio、Zulfan Tadjoeddin 和 Nada Trifkovic 等人的研究（包括各种数据分析）。第二部分的同行技术评审是在总体报告同行评议之外，由那不勒斯帕斯诺普大学的 Andrea Reogoli 和 Antonella D'Agostino 完成的。感谢 Natalia Volkow Fernandez 和墨西哥国家统计局让我们能够使用其在位于墨西哥城总部的数据库，感谢 Flor Grown 和 Isalia Navas 对墨西哥方面数据的定量分析支持。

报告第一部分全球和地区的数据估计与此前的《全球工资报告》采用的是相同的方法论（详见附录一）。该方法论是 ILO 数据局的同事基于 Farhad Mehran（ILO 顾问）的提案形成的，在 2011 年经过了 Yves Tille（纳沙泰尔大学统计研究所）、Yujin Jeong 和 Joseph L. Gastwirth（蒙特利尔高等商学院、乔治·华盛顿大学）、Joyup Ahn（韩国劳动研究机构）的同行评议。

特别感谢

特别感谢各国统计机构对我们数据收集工作给予的支持。感谢位于巴拿马的

* Anthony B. Atkinson, *Inequality: What can be done?* (2016)

ILO/SIALC（信息系统和劳动力分析）团队，尤其要特别感谢 Bolivar Pino 提供了拉美和加勒比地区的工资数据。感谢 Kuntao Xia（ILO，曼谷）分享亚洲地区的工资数据及其在印度实际工资增长估算工作方面所做的贡献。

我们还要感谢以下人员对报告的卓越贡献和建议：Janine Berg、Ekkehard Ernst、Xavier Estupiñan、Youcef Ghellab、Naj Ghosheh、Susan Hayter、Frank Hoffer、Steven Kapsos、Daniel Kostzer、Andres Marinakis、Uma Rani、Catherine Saget、Kristen Sobeck、Nicolas Studer、Steven Tobin 和 Manuela Tomei。特别感谢两位匿名评审以及 Panagiotis Giannarakis、Luis Pinedo Caro、Ulrike Stein 和 Andrew Watt 对本报告所做的贡献。

安东尼·B. 阿特金森爵士（Sir Anthony B. Atkinson，1944—2017 年）为本年度和此前的多份《全球工资报告》提供了外部咨询。他的建议总能帮助我们有效改进内容，ILO 对他无上的贡献表示由衷感谢。

数据来源

本报告使用的数据部分来自欧盟统计局（Eurostat）收入结构调查 2002—2010 年的数据。感谢欧盟统计局在 RPP 252/2015 - SES - ILO 协议下的数据支持。另一部分数据来自欧盟统计局 2003—2015 年（含 2003 年和 2015 年）的收入—生活条件统计数据。感谢欧盟统计局在 52/2013 - EU - SILC 协议下的数据支持。基于上述数据得出的结论、相应责任由其作者全权承担。

执行摘要

第一部分：工资发展的主要趋势

背景

在过去几年间，越来越多的人意识到监测工资发展趋势和实施可持续工资政策的必要性。这些政策有助于预防工资停滞，改善全球数以百万计的工作贫困人口的收入状况，确保更公平的收入分配，缓解工资和收入的过度不平等，并巩固消费作为可持续经济支柱的地位。

全球工资增长放缓

本年度《全球工资报告》在第一部分指出，2008—2009 年金融危机爆发后，全球实际工资增长在 2010 年出现复苏，但这一复苏趋势于 2012 年起开始放缓，从 2012 年的 2.5% 降至 2015 年的 1.7%，达到四年来的最低值。如果剔除增速较其他经济体更强劲的中国，全球实际工资增长从 2012 年的 1.6% 跌至 2015 年的 0.9%。

新兴和发展中经济体工资增长放缓

危机爆发后，全球工资增长主要依靠亚太及其他地区的新兴和发展中经济体驱动，尤其是中国。但最近这一趋势已经出现放缓或反转。二十国集团的新兴和发展中成员的实际工资增长从 2012 年的 6.6% 跌至 2015 年的 2.5%。从 2015 年的区域实际工资增长情况来看，亚洲仍然保持了 4.0% 的稳健表现，但中亚和西亚地区的增长降至 3.4%，估计阿拉伯国家和非洲地区的增长分别为 2.1% 和 2.0%。2015 年，拉丁美洲和加勒比地区的实际工资下降了 1.3%（主要是受到巴西工资下降的影响），东欧地区下降了 5.2%（主要是受到俄罗斯和乌克兰工资下降的影响）。

发达国家工资增长提升

与新兴和发展中经济体相反，发达国家的工资增长有所提升。二十国集团的发达成员的实际工资增长从 2012 年的 0.2% 上升至 2015 年的 1.7%，创下十年来的最高值。2015 年，美国的实际工资增长升至 2.2%，北欧、南欧和西欧地区则提升至 1.5%，欧盟成员国的增长达到了 1.9%。美国和德国的强劲表现为发达国家的这一趋势做出了重要贡献。但目前还无法确定这一上升趋势未来是否能够延续，发达国家会否再度跌入工资停滞的陷阱。在许多国家通缩风险上升的背景下，工资下跌本身就是一个重要的风险因素，可能会导致通缩式的工资—价格螺旋上升。

从全球来看，北美和部分欧洲国家的复苏仍不足以抵消新兴和发展中经济体的疲软。发达国家和发展中国家工资增长差距的缩小也表明这两类国家之间的工资收敛进程有所放缓。

劳动收入份额呈现复杂发展趋势

实际工资的发展趋势主要受 GDP 增长和价格通胀等经济因素的影响，但其他一些因素也会对此施加作用。如今，有大量研究文献表明，近十年来全球大多数国家的工资增速低于劳动生产力增速，导致 GDP 中劳动收入份额下降。这一现象可能是多种因素综合作用的结果，包括全球化、技能偏好型技术、劳动力市场制度削弱，以及来自金融市场的不断增长的压力使大企业盈利不断向投资人转移。本年度的报告指出，2007—2010 年，许多国家的劳动收入份额发生了预料之中的反周期性上升，但随后 2010—2015 年的数据表明，多数国家的劳动收入份额重新出现长期下降。中国、德国和美国属于其中的例外，但这些国家的劳动收入份额仍然远低于其最高水平。

工资不平等和最低工资

平均工资无法呈现不同薪资阶层的工资分配情况。事实表明，近几十年来，工资不平等问题在很多国家都有日渐加剧的趋势。尽管工资不平等在一定程度上是对劳动者个体和生产力特点的差异反映，但人们越来越关注工资不平等加剧所带来的不良社会和经济后果。本报告特别强调了不断加剧的工资不平等、家庭收入不平等与劳动收入份额下降之间的强相关性。

最近几年，许多国家都建立或进一步提高了最低工资标准，以此来改善低收入劳动者的处境，并减少工资不平等。近来的证据表明，合理的最低工资标准能够提高低薪群体，尤其是女性劳动者的收入，并且避免对就业产生明显不利影响。当然，最低工资标准的制订是一项平衡手段，具体标准的出台要基于事实依据，并需要经过与社会伙伴的充分协商，并在合适的时候赋予其平等的对话地位。报告列出了一些国家的最低工资标准与工资中位数，并进行了比较。

收入性别差距

在总的工资分配中，不同劳动者群体之间存在着分配差距，收入性别差距就是其中之一。女性的平均工资相对于男性来说更低。各类研究表明，在大多数可获得数据的国家里，男女之间收入上的差距正在逐渐缩小，但并未完全消除。报告总结了近年来一些国家的性别时薪差距，数据表明各国之间的差异极大，最低的约为0%，最高的将近45%。

第二部分：工作中的工资不平等

高收入群体工资过高

我们可以通过多种方法测算一个国家的工资不平等。通过将一国所有收入群体的工资按照升序排列，并将他们分成10个组别（十分位）或100个组别（百分位），可以发现，在大多数国家，工资分配呈逐级升高的态势，但处于前10%的收入者的收入突然显著增加，尤其是收入最高的1%群体的收入。在欧洲，收入位于前10%的群体的工资收入占其所在国家总工资的25.5%，几乎是后50%低收入群体的工资总和（29.1%）。尽管没有进行严格的数据对比，一些新兴经济体的收入位于前10%的群体的工资占比甚至更高，例如，巴西为35%，印度为42.7%，南非为49.2%。在南非和印度，后50%低收入群体的工资总和仅分别占总工资的11.9%和17.1%。

劳动者特点难以解释大多数的工资分配

报告显示，工资和工资不平等问题并非仅仅取决于与劳动技能相关的特点，例如受教育程度、年龄和工龄，技能以外的其他因素也发挥了重大影响，包括企业规模、合同类型和工作领域等。描述性统计分析表明，无论是在发达国家还是在发展中国家，大学文凭并不必然意味着高薪；大多数高薪工作集中在房地产和金融领域；女性在高收入人群中所占比例持续递减。以欧洲为例，在工资最低的三个十分位里，女性劳动者占到其中的50%—60%，而在收入位于前10%的人群中，女性仅占35%，在前1%的人群中，这一比例低至20%。在一些新兴和发展中国家，这一分化更为显著。报告也对劳动者的劳动技能特点进行了模型分析，试图探讨受教育程度、年龄、工龄等因素对工资分配的影响，但该模型难以解释大多数可观察到的工资分配变动。事实上，劳动者的实际工资与基于他们所具备技能的预测工资相去甚远。

企业间工资不平等的影响[1]

由于劳动技能特点能解释大部分工资变动的传统学说被证明是失效的，于是人们开始关注工作场所对工资不平等造成的影响。最新的研究文献表明，企业之间的工资不平等（主要表现为不同企业的平均薪资差异）对美国1981—2013年期间不

1 在本报告的英文版中，“enterprise”、“establishment”（或“firm”）都指企业/公司，可相互替换。

断加剧的工资不平等有重要影响；巴西 1996—2012 年的数据也表明，企业间工资不平等的缩小有助于缓解整体的工资不平等。在美国，不平等的加剧主要受高技能人才和低水平劳动者两极分化的影响，前者和后者各集中在一些公司，这与美国经济结构重新调整以及业务外包给分包公司和经销商的趋势一致。在巴西，企业间工资不平等的大幅削弱促成了更高的最低工资标准。

企业之间的工资不平等有多显著

我们的研究表明，在一些国家，工资不平等问题的确与企业间的工资不平等存在正向相关性，例如在挪威和瑞典，工资不平等问题较小，企业间的工资差异也较小，而在英国和罗马尼亚，工资不平等问题较突出，企业间的工资差异也较大。当然，在一些国家，工资不平等与企业间的工资不平等差异很大。相比发达国家，企业间的工资不平等问题在发展中国家更为显著。在发达国家，前 10% 高薪公司的平均工资是后 10% 的 2—5 倍，而这一数字在越南是 8 倍，在南非更是高达 12 倍。数据显示，在挪威，有更多的企业开出区间中位数的平均工资，而在英国，更多企业开出较低或较高的平均工资。从结构差异来看，在发展中国家，多数企业的薪资处于中低水平，与少数高薪企业的平均工资差距十分巨大。

企业内部工资不平等的影响

在近年来的工资变动趋势中，企业间的工资不平等是一个重要影响因素，但这一因素并不总是对整体的工资不平等造成决定性影响。此前的记录显示，在美国，全国层面的工资不平等在更大程度上应当归因于企业内部的工资差异，而不是企业间的工资差异。尽管后者对近年来的工资不平等造成的影响越来越大，在那些规模超过 10000 人的“大企业”里，员工的工资不平等问题既受到企业内部差异的影响，也受到企业间差异的影响，二者的影响程度几乎相同。

欧洲的工资不平等金字塔

2010 年，企业内部的工资不平等对整个欧洲工资不平等造成的影响高达近 50%。通过将各个企业按照平均工资高低排序，并观察它们开出的最低和最高工资，我们发现欧洲的工资不平等问题十分严重，尤其是在那些平均工资更高的企业里。如果将个人工资和其所在企业的平均工资进行比较，我们发现绝大多数人（约为 80%）的工资低于平均值。在这条曲线的最末端，一些劳动者的工资远低于平均线，这反映出对应企业的工资不平等现象十分突出，导致部分员工面临待遇过低的情况。在这条曲线的最顶端，前 0.1% 的高收入者的平均时薪高达 211 欧元，而其所在的企业的平均时薪仅为 45 欧元。我们通过图表展示了这种不平等结构，少数公司的少数劳动者享有超高工资，他们位于金字塔的顶端，这种金字塔式的结构反映出工资分配的不平等，也表明工资不平等问题不仅存在于企业之间，也存在于企业内部。尽管我们希望对发达和新兴经济体也进行此类分析，但在实践中我们发现很难获得后者的相关“匹配”数据（同一企业的高收入和低收入群体的工资数据）。

工作场所中的收入性别差距

我们在此份报告中也对收入性别差距进行了测算，主要使用了欧洲的“匹配”数据。数据表明，2002—2010 年，在欧洲的大多数国家，收入性别差距呈递减趋势，但仍然较为显著；同时，高薪群体中的收入性别差距要大于中、低收入群体。从整体时薪水平来看，欧洲的收入性别差距大约为 20%，但是在最高收入的 1% 人群中，这一差距扩大为 45%。在那些收入位于前 1% 的首席执行官（CEO）中，收入性别差距高达 50%。收入性别差距在平均工资更高的企业里更显著。欧洲平均工资位于前 1% 的企业中，收入性别差距也达到约 50%。此外，我们发现劳动力市场中的收入性别差距在劳动者刚进入职场的阶段即出现，但在 40 岁左右的劳动者中更是显著加剧。

第三部分：总结与结论

全球层面的政策协调的重要性

平均工资停滞和劳动力占比下降带来了社会和经济两方面的影响。在社会影响方面，经济增长与工资增长的断层意味着劳动者及其家庭并没有感受到他们获得了经济发展成果的公平份额，因而可能会造成动力缺失和倦怠情绪。在经济影响方面，工资的低速增长抑制了居民消费，从而导致总需求降低，尤其是在多个大型经济体同时发生工资停滞的时候。在这方面，2015 年一些国家的工资增长回暖为该国及其他国家带来了经济利好影响。当存在经济可行性时，应保持或进一步鼓励更高的工资增长。当然，这并不一定适用于所有国家，因为在一些国家，更高的工资增长会造成劳动力成本的增加，这对企业和就业机会的创造来说不是可持续发展的方式，也有可能导致出口或投资的急剧减少。因此，需要视国情而定所要采取的方式。

此前的《全球工资报告》均呼吁采取全球层面的政策协调，以此来避免为了实现出口增加，多国同时采取工资节制政策或竞争性的削减工资的情况，这些做法都可能导致区域性或全球性的总需求下降和通货紧缩。在这方面，近年来二十国集团峰会将工资政策纳入其议程，并起到了积极的改善作用。2016 年，二十国集团峰会呼吁实行宏观经济政策，以实现工资和生产率的大幅增长，同时呼吁实施可持续工资政策原则，强化劳动力市场制度和政策的影响力，例如在最低工资和集体谈判上——如此，可有助于工资增长更好地反映生产率增长的提高。

国家层面的政策改进措施

为了确保可持续的工资增长，让每个人公平地享有经济发展的成果，需要从各个政策层面采取有力措施。这些政策措施需要考虑长远趋势以及近来的经济发展情况。最重要的是，政策要能够认清在影响工资变动的因素中，哪些对工资增长和工资不平等有利好影响，哪些会带来不利影响。因此，国家层面的政策制订需要基于本国经济模式和驱动因素，同时也要认识到许多经济走势会对经济发展水平相当的其他国家造成影响。

- **最低工资和集体谈判**。最低工资和集体谈判有助于同时减轻企业间和企业内部的工资不平等。但是，不同的集体谈判组织方式可能带来不同的影响后果。如果集体谈判是发生在国家、行业或/和区域层面的多雇主谈判，各个层面的力量都参与协调，那么就会有更多的劳动者从中受益，削弱企业间和企业内部的工资不平等。如果政府将集体谈判的内容拓展至某个领域或整个国家的所有劳动者，则谈判的影响力将进一步加强。如果集体谈判机制涉及的范围很窄，只发生在公司或工作场所层面，则谈判的影响力就仅有助于改善企业内部的工资不平等。国际劳工组织已经出台了关于集体谈判和最低工资的国际劳工标准，并于近日公布了关于这两项内容的政策指导，就最低工资和集体谈判作为政策工具进行了补充。
- **雇主和劳动者关于通过集体谈判减少工资不平等的最新提议**。近几年，一些新的提案和倡议也被用于解决企业间逐渐扩大的工资不平等问题，尤其是针对买方和分包商之间的不平等问题，旨在确保供应链的所有环节都包含在集体谈判协议中。从国际层面来看，一些企业一直强调企业自身难以在买方寻求最低价的竞争市场中提高工资水平。针对这一问题，一些全球知名品牌联合制造商和工会，提出了一项有意义的倡议：在服装制造业大国推动服装行业的多雇主集体谈判。[2]
- **最高工资：企业自主调节还是加强监管？**从本年度的报告可以看到，企业内部的工资不平等问题十分严重，对此，企业自身需要加强自主调节，确保内部的工资差异处在社会能够接受的范围内。许多 CEO 往往自己决定自己的工资水平，股东通常难以确保高管的工资与社会价值或企业业绩保持一致。ILO 指出，“可持续企业会参与社会对话，建立良好的产业关系，例如集体谈判和雇员信息、咨询和参与。这些是实现双赢的有效途径，能够发扬共同价值观，促进信任、合作与富有社会责任的行为”（ILO，2007，p. 5）。此前，关于规范最高工资的倡议主要集中在高管薪资的透明度，以及股东对过高工资的话语权

2 倡议内容参见 http：//www. ethicaltrade. org/act – initiative – living – wages。

上。而最近人们也开始讨论，是否有必要出台更多的规范措施，以抑制基于短期股东价值而非长期企业业绩的薪资组合。

- **可持续企业的生产力增长。**数据显示，企业间的平均工资差异对整体工资不平等有决定性的影响，因此，促进可持续企业的生产力增长将有助于平均工资的提高，从而缓解工资不平等问题。增长和不平等之间并不是非此即彼。如果企业间持续加剧的工资不平等是由两极分化和业务外包所导致，那么在低价值加工领域，生产力提高的空间就可能非常小。更广泛地说，2007 年 ILO 发布的《关于促进可持续企业的结论》（Conclusions concerning the promotion of sustainable enterprises）指出，歧视与不平等和企业的可持续发展相互矛盾，并强调需要打造一个健康环境，以有益于企业的可持续创造、发展以及改革。这样的健康环境能够将对利益的正当追求——经济发展的关键动力之一——与尊重人性尊严、环境可持续性及体面劳动的发展需求结合起来。
- **解决不同劳动者群体之间的工资不平等，包括工资性别差距。**只有将弱势劳动群体纳入保护范围，劳动力市场制度和工资政策才能够卓有成效地改善工资不平等现象。收入性别差距具体表现为男女平均工资的差异，这仍然是一个全球关注的社会问题。本报告强调，尽管收入性别差距广泛存在于各个企业，这一差距在平均工资更高的大型企业中表现得更为明显。这表明，企业层面的工作考核机制仍然是对从法律、政府和司法层面保障、落实和声讨同工同酬权利的必要补充。通过采取措施将 CEO 的工资限制在一定范围内，也将有助于缩小男女 CEO 之间的工资差距。

减少不平等的其他措施

上述措施显然不是减少不平等的全部内容。要解决这一问题，我们有必要重新回顾此前《全球工资报告》所呼吁的内容。这些报告对工资、家庭收入和广泛的不平等之间的关系进行了考察，提出了一系列政策措施来减少不平等。

财政政策，通过税收和转移支付来调节工资和减少不平等。在许多发达经济体，近年来税收制度的累进性降低，扩大了劳动力市场的不平等。针对企业和个人避税行为以及低收入家庭税收减免的改革，可以在一定程度上恢复税收制度的累进性。累进所得税的大幅提高有时可以成为降低高管工资的方式，减少 CEO 要求超过阈值的工资的积极性。同时，应用转移支付的财政政策来解决不平等也很必要。转移支付能够对低收入家庭进行有效补贴，不管是通过直接的现金补助，还是通过提供公共就业机会、就业保障和食品补助等。尽管许多国家都进一步扩大了社会保障的覆盖范围，世界上大部分人口仍然过着没有医保和养老金的生活，能够享受儿童和家庭福利政策以及失业、残疾、工伤和生育保障的人更是少数（ILO，2014b）。

间接影响工资与工资分配的政策有助于人们更全面地解决不平等问题。这些政策包括素质教育、提高劳动力技能并促进应聘者与招聘者之间更好的匹配的持续性项目，也包括解决通常出现在非标准形式工作（尤其是临时工与临时机构劳动者）上的工资差异。标准工作和非标准工作的工资差距在很多工业化国家日益拉大，而在发展中国家，原本由标准工作主导的劳动力市场也出现非标准工作抬头的趋势。应当将标准工作中劳动者享有的就业保障措施拓展至非标准就业群体，并落实不同类型雇佣协议中的保障机制。这会推动劳动者平等待遇原则的实施，避免因职业地位产生的歧视，减少间接的性别歧视，确保用人单位不会仅出于降低劳动成本（包括削减工资支出、对恶劣工作环境不加以改善）的原因而雇佣非标准形式就业的劳动者（ILO，2016b）。

第一部分　工资发展的主要趋势

1. 引言

在过去几年间，越来越多的人意识到监测工资发展趋势和实施可持续工资政策的必要性。这些政策有助于预防工资停滞，改善全球数以百万计的工作贫困人口的收入状况，确保更公平的收入分配，缓解工资和收入的过度不平等，并巩固消费作为可持续经济支柱的地位。

工资的意义非凡，原因有以下几点。第一，工资是家庭收入的重要来源，因而对人们的生活水平有着巨大影响。之前的《全球工资报告》（ILO，2015a）指出，在发达经济体，对于那些至少有一个处于工作年龄的成员的家庭而言，工资收入占到家庭税前和转移支付调整后收入的70%—80%。同时，发达国家的中产阶层的工资占总收入的份额通常都高于80%，但对于低收入家庭来说，社会转移支付在家庭总收入中的补充作用仍然显著大于工资。在新兴和发展中国家，工资占家庭收入的比重低于发达国家，阿根廷和巴西约为50%—60%，秘鲁约为40%，越南为30%；通常，在这些国家中，个体经营收入占家庭收入的比重要高于发达国家。不过，发展中国家在提高收入和减轻收入不平等方面取得的成就在很大程度上可视作低收入家庭获得更多有偿工作岗位以及社会工资分配更加公平的综合结果。世界银行在其年度旗舰报告《2016年贫困和共同繁荣》（World Bank，2016）中强调了劳动力市场和工资在减少贫困和不平等方面的贡献。

第二，工资对经济和政治领域有着重要影响。从企业层面来看，员工工资被视为成本，但从宏观经济层面来看，可持续的工资增长是最大化总需求的核心内容。过度的工资增长可能会导致物价上涨，并对出口及投资造成不利影响，而疲软的工资增长则会削弱家庭消费和国内需求，这种削弱作用在全球经济低速增长的大背景下更加突出。严重的不平等会减缓经济增长，影响社会和谐（Ostry，Berg and Tsangarides，2014；d'Hombres，Weber and Elia，2012）。它还可能导致政治两极化：国际货币基金组织（IMF）最近的一项报告显示，在一些国家和地区，"收入不平等的加剧和全球化带来经济结构性转型，引发了人们对精英阶层比普通人占有更多经济红利的不满"，直接影响了这些国家的政治讨论氛围（IMF，2016a，p. xiii）。《2012—2013年全球工资报告》呼吁开展全球层面的政策协调合作，推动各国可持续的包容性工资增长。针对这一点，最近召开的二十国集团会议将工资政策纳入议程，起到了积极作用。

第三，工资不仅是金钱那么简单，它与公平以及尊严息息相关。ILO一直强调，"劳动力并非商品"，劳动力价格不能单纯由供需关系决定（见ILO，1944和2014a）。正如Piketty所言，"价格机制既没有底线，也没有道德"（2014，p. 6）。

在确保劳动者受到公平对待，能够体面和有尊严地工作方面，最低工资标准的制订起到了重要作用。在最低工资标准基础上，关于工资数额、工作时长和工作环境等政策的出台有利于推动社会对话和集体谈判，确保每个人都能平等地享受经济发展的成果（ILO，2008a）。公平的目标包括同工同酬、消除收入性别差距和不同劳动群体之间的工资歧视。

基于此，本报告的第一部分重点比较和分析了最近几年的平均工资数据，并将其与劳动生产率趋势进行对比。平均工资增速与劳动生产率增速之间的相关性，对定义可持续工资政策具有重要意义，也对劳动收入占 GDP 份额的变动趋势有着决定性影响。在这一部分，我们还研究了近年来的工资不平等发展趋势，并探讨了劳动收入份额下降与收入不平等加剧之间的关系。此外，这一部分还有一节提供了最低工资的发展趋势，并对不同区域国家的最低工资标准进行了对比。该部分的最后一节重点讨论了收入性别差距问题。在具体探讨工资发展趋势之前，我们在第一部分简要梳理了近年来的全球经济和劳动力市场的发展趋势。

2. 经济背景

2.1 经济增长率：发达国家复苏，但全球总体仍处于下滑态势

本年度《全球工资报告》是在全球经济复苏疲软、经济走势充满不确定性的大背景下出版的（IMF，2016b）。在金融和经济危机爆发的八年后，全球经济尚未完全走出阴霾，除非各国能够采取协调措施以促进增长并让其更具包容性，否则全球经济仍然极有可能再度陷入低增长陷阱（ILO，2016a）。

如图 1 所示，2012—2014 年全球 GDP 增长率在 3.3%—3.5% 之间，2015 年跌至3.2%，预计2016 年将跌至3.1%。在此期间，全球经济经历了总需求相对疲软、油价和大宗商品价格下跌、发达经济体低通胀、几大新兴经济体货币贬值等多重考验。发达经济体和发展中经济体的经济增速差距显著缩小。然而，从 2015 年的数据来看，发达经济体的经济增长适度回暖，但并不足以抵消其他地区增长大幅放缓的不利影响。

发达经济体的经济增长从 2012 年和 2013 年的 1.2% 上升至 2014 年的 1.9% 和 2015 年的 2.1%。但是，2016 年经济增长放缓，发生长期经济停滞的风险仍然存在。德国、英国和美国在 2014 年和 2015 年的经济回暖是发达国家经济增长提高的主要原因，这三大经济体在消费和投资领域的复苏较其他国家更为强劲。而在其他许多发达经济体，经济增长仍然维持在低位，生产力增长依旧缓慢，总需求和经济活动的整体疲软限制了投资增长（IMF，2016a 和 2016b）。在实施财政整顿计划并出台多项紧缩性政策的国家里，西班牙和葡萄牙的经济终于在 2014 年和 2015 年恢复正增长，但两国的 GDP 仍低于危机前水平。在希腊，GDP 自 2008 年以来已有七年出现负增长，并且比危机前低约 30%。

在这样的环境下，发达经济体的消费者价格通胀率从 2013 年和 2014 年的 1.4% 降至 2015 年的 0.3%，达到全球金融危机爆发以来的最低水平（见图 2）[1]。低通胀的发生主要受到原油价格和大宗商品价格下跌以及总需求疲软的综合影响。因此，在许多发达经济体，通胀率远未达到央行所设立的通胀目标。自 2013 年起，欧元区国家一直持续面临陷入通货紧缩的风险，2014—2015 年，欧元区新增了数个通货膨胀率为负的国家，通货紧缩风险正在不断抬头。尽管不少国家实施了极低的利率政策且实施时间远超预期，但通货紧缩的压力依然存在。虽然从表面来看通货紧缩可能有利于实际工资，但它无疑是一把双刃剑（见专栏 2）。

新兴和发展中国家的经济增长率自 2010 年以来持续放缓，但各国的放缓程度各异。从图 1 可知，新兴和发展中经济体的经济增长已经连续 5 年下滑，从 2010 年的 7.5% 跌至 2015 年的 4.0%。巴西和俄罗斯等国家更是遭遇了严重的经济衰退；

图 1　2006—2016 年间年均经济增长率（按不变价格计算的 GDP）

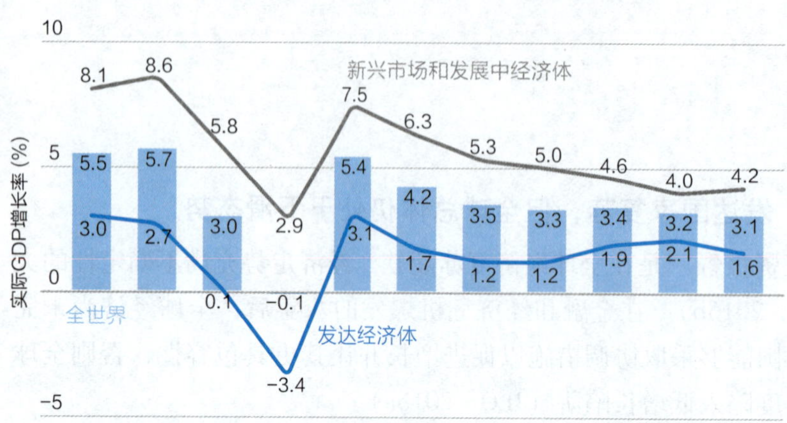

注：本图中的国家分类以 IMF《世界经济展望》（2016 年 10 月）中的附录说明为依据。2016 年的数据为预测值。

资料来源：IMF，《世界经济展望》数据库，2016 年 10 月。

图 2　2006—2016 年间年均通货膨胀率（消费者平均价格）

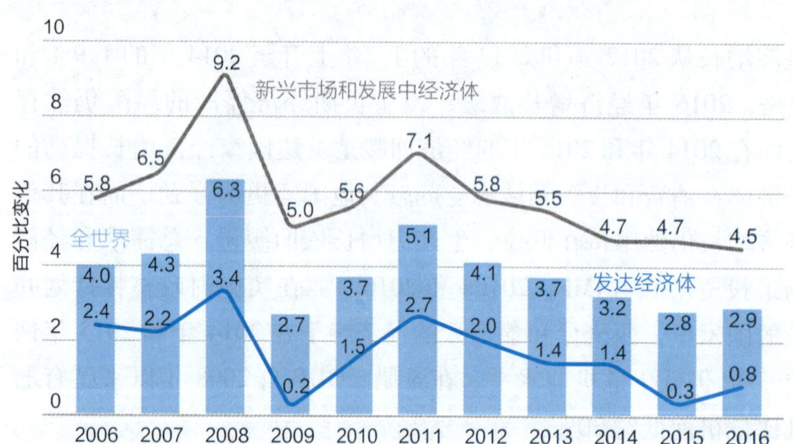

注：本图中的国家分类以 IMF《世界经济展望》（2016 年 10 月）中的附录说明为依据。2016 年的数据为预测值。

资料来源：IMF，《世界经济展望》数据库，2016 年 10 月。

以部分东盟国家为代表的其他国家则呈现出相对活跃的增长势头；中国的经济放缓对新兴经济体和发达国家的负面影响十分明显，尤其是对亚洲国家；新兴和发展中国家的消费者价格通胀率大幅增长，在经历连续三年下滑后，在 2015 年止住了跌势（见图 2）。尽管油价和大宗商品价格下跌以及国内需求疲软会导致通胀率的降低，在哥伦比亚、墨西哥、俄罗斯和南非等新兴经济体，这一影响被货币大幅贬值的负面作用抵消，使得出口商品价格下跌，进口商品价格上涨（IMF，2016）。

图 3　2010 年和 2015 年各地区年均经济增长率（按不变价格计算的 GDP）

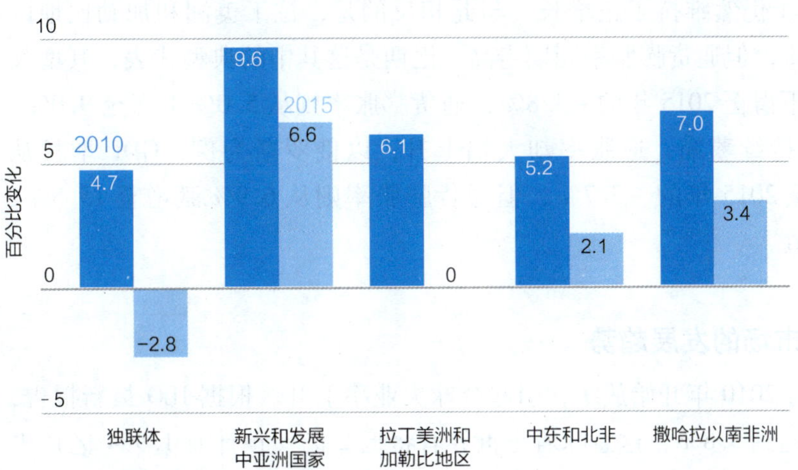

注：本图中的国家分类以 IMF《世界经济展望》（2016 年 10 月）中的附录说明为依据。2016 年的数据为预测值。

资料来源：IMF，《世界经济展望》数据库，2016 年 10 月。

图 4　2010 年和 2015 年各地区通货膨胀率（消费者平均价格）

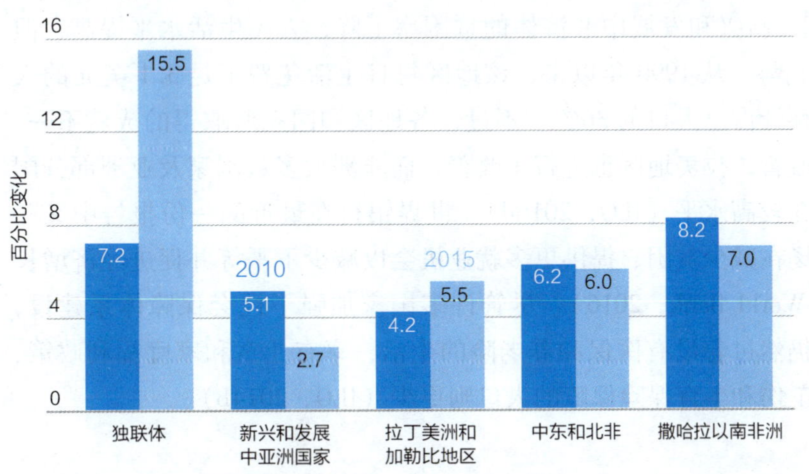

注：本图中的国家分类以 IMF《世界经济展望》（2016 年 10 月）中的附录说明为依据。

资料来源：IMF，《世界经济展望》数据库，2016 年 10 月。

图 3 和图 4 将新兴和发展中国家按区域进行划分，分别呈现了 2010 年和 2015 年的经济增长率及通胀率。由图可知，新兴和发展中亚洲国家、中东和北非、撒哈拉以南非洲地区在经济增长和价格通胀率方面均出现了不同程度的下滑，但仍维持在正值。尽管从 2010 年起经历了 GDP 增长的持续放缓，新兴和发展中亚洲国家的经济增长仍然最为强劲，虽然中国的 GDP 增长从 2010 年的 10.6% 降至 2015 年的

6.9%；撒哈拉以南非洲的部分大型经济体（包括南非和尼日利亚）也经历了增速放缓，不过在2015年仍然维持了正增长。与此相反的是，拉丁美洲和加勒比地区的GDP增长降至0%，但通货膨胀率同期走高。巴西是这其中的典型代表，其增长从2010年的7.5%下滑至2015年的-3.8%，通货膨胀率则从5.0%上涨至9.0%。独联体国家的GDP持续萎缩，通胀率却大幅上升；以俄罗斯为例，GDP增长从2010年的4.5%跌至2015年的-3.7%，但通货膨胀率则从6.9%激增至15.5%，大幅削弱了工资价值。

2.2 近期劳动力市场的发展趋势

全球经济增速自2010年开始放缓，引起全球失业率上升。根据ILO最新报告，2015年全球失业率达到5.8%，这意味着全世界有将近2亿（预计有1.994亿）失业人口（ILO，2016c），比2007年增加了3000万人，彼时还未爆发全球金融和经济危机。不过，预计发达经济体的失业率已经开始下降，从2010年的8.1%降至2015年的6.7%，其中德国、英国和美国的失业率分别从2010年的6.9%、7.9%和9.6%降至2015年的4.6%、5.4%和5.3%。[2]在美国和其他一些国家，由于劳动参与率降低，失业率的下降并不能完全反映就业市场的复苏（IMF，2016b）。此外，西班牙和希腊的失业率仍然居高不下，分别为22.1%和25.0%。

在过去20年间，新兴和发展中经济体的贫困率下降，人民生活水平提高，但近来有走下坡路的趋势。从1990年以来，该地区每日生活花费不足3.1美元的人口减少了近一半，预计占总人口的36%。不过，各地区和国家所取得的成就不一：中国取得了巨大的改善，拉美地区也进行了改善，而非洲大多数国家及亚洲部分国家的贫困率仍维持在较高水平（ILO，2016d）。世界银行在最近的一份报告中又一次强调了劳动力市场在减少贫困、提供更多就业机会以减少不平等并促进经济增长方面的重要作用（World Bank，2016）。尽管许多国家加强了社会保障体系建设，世界上大部分人口仍然过着没有医保和养老险的生活，享有儿童和家庭福利政策，以及失业、残疾、工伤和生育保险保障的人口则更少（ILO，2014b）。

3. 全球和各区域的工资发展趋势

3.1　全球工资发展趋势

在前文所述的经济背景下，过去几年的实际平均工资呈现出怎样的发展趋势?根据 ILO 的最新预测，2015 年的全球就业人数为 32.1 亿名，其中 16.6 亿人(51.5%) 是上班族（ILO，2015b)。图 5 提供了有关全球实际工资平均增长的两种预测。这里所用的平均工资是按照月薪而不是相对难以获得的时薪计算的，因此数字波动能够同时反映时薪变动和平均工时数的变化。[3]实际工资剔除了消费价格通胀的影响，即使用有关价格指数对名义工资进行了调整，通常是 CPI。此处所使用的方法论和对工资的定义详见附录一，各国具体数据见表 A1。此处使用的所有数据来自全球工资数据库（见专栏 1)。

图 5 中左侧的柱状图是以 132 个经济体的工资数据为基础进行的全球性估算，右侧柱状图也是全球性的估算，但剔除了中国的有关数据，因为中国领工资的劳动

图 5　2006—2015 年间全球实际工资年均增长

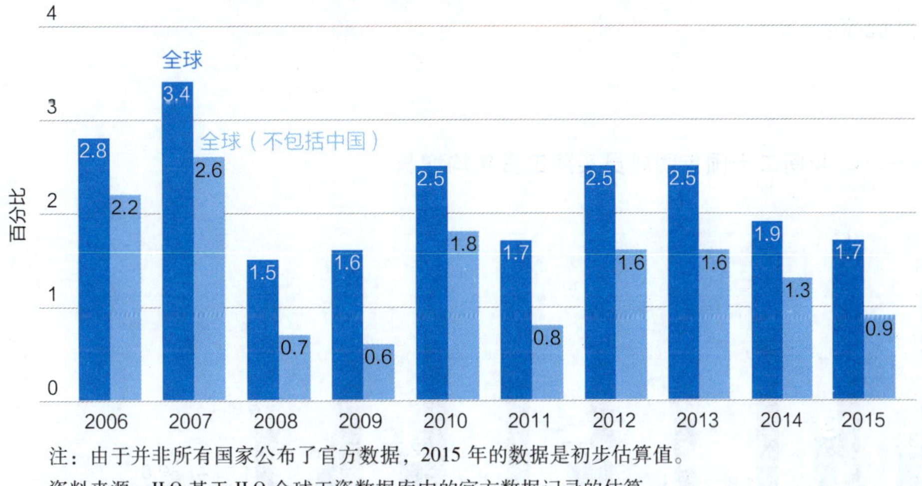

注：由于并非所有国家公布了官方数据，2015 年的数据是初步估算值。

资料来源：ILO 基于 ILO 全球工资数据库中的官方数据记录的估算。

专栏 1　国际劳工组织全球工资数据库

《全球工资报告》的相关数据可通过以下网址查询：www. ilo. org/ilostat/GWR。

工资相关的其他指标（如低工资、按十分位划分的工资差异、按性别划分的工资差异等）可在 ILO 统计局（ILOSTAT）网站公布的“年度指标”中查询，参见 http：//www. ilo. org/ilostat。

人口在全球人口中所占比重尤其大，并且根据官方数据，中国的实际工资增长率仍然十分强劲。剔除中国方面的数据后，数据更好地反映了世界上其余国家的工资变动趋势。从图中可以看到，全球实际工资年均增长率在危机期间（2008 年和 2009 年）骤降，在 2010 年有所复苏，但在 2011 年再度下跌，自 2012 年起一直处于放缓态势，并在 2015 年到达四年以来的最低水平，剔除中国的年均增长率不到 1.0%。

3.2　二十国集团成员的工资发展趋势

图 6 展示了二十国集团成员的工资发展趋势，这些成员集中了世界主要发达和新兴经济体。[4]二十国集团成员的 GDP 总和约占全球 GDP 的 3/4，包括超过 11 亿人的领工资的劳动者（全球共为 16.6 亿人）。[5]图 6 将二十国集团作为一个整体进行估算，并对其发达成员国家、新兴经济体成员国家分别进行了估算。统计期间的数据表明，二十国集团新兴经济体的实际平均工资增长显著高于其发达成员国家。但是自 2012 年以来，新兴经济体的工资增速不断放缓，三年来下滑了 4 个百分点，跌至 2006 年以来的最低水平。与此同时，发达经济体的年均工资增长从 2012 年的 0.2% 增至 2015 年的 1.7%，达到 2006 年以来的最高值。这使得二十国集团发达与新兴经济体之间的工资增长率差距显著缩小。人们现在不确定的是，2015 年发达经济体表现出的工资快速增长是能够在未来继续保持，还是只是由消费价格通胀下跌引发的短暂现象。

图 6　2006—2015 年间二十国集团成员实际工资年均增长

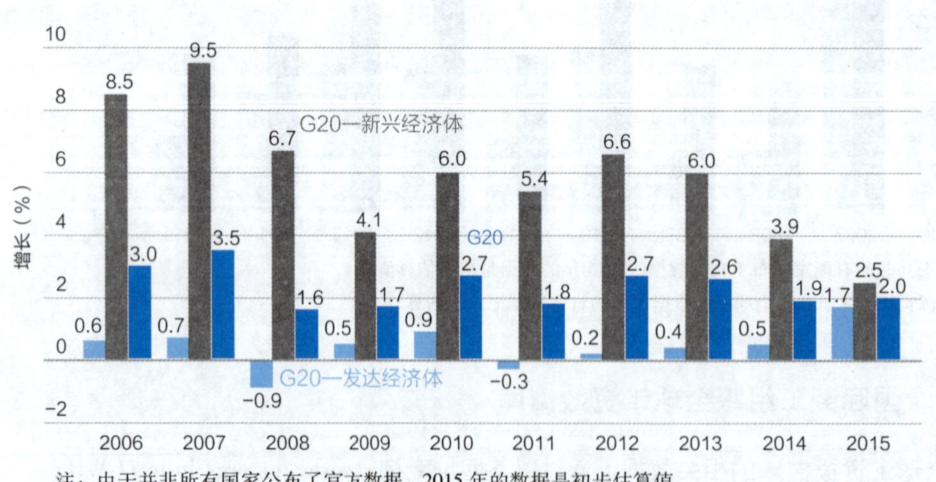

注：由于并非所有国家公布了官方数据，2015 年的数据是初步估算值。

资料来源：ILO 基于 ILO 全球工资数据库中的官方数据记录的估算。

3.3 不同区域的工资发展趋势

图 7 反映了不同区域实际工资年均增长的情况，按照 ILO 最新的区域划分标准进行划分（详见附录二，表 A2）。我们可以看到，发达国家较集中的地区的工资增长率从 2012 年开始上升，而在以新兴和发展中国家为主的地区，其工资增长率同期呈下滑趋势，有的甚至降至负增长。

北美地区（包括美国和加拿大）的实际工资在经历了近 10 年的低增长后，于 2015 年显著提升，这主要是受美国当年 2.2% 的实际工资增速的影响，这一数据也是美国自 1998 年以来的最高值。在经历了长期停滞甚至下降后，北欧、南欧和西欧地区的实际工资增长率在 2015 年实现上涨。具体来看，复苏始于 2013 年，到 2015 年增速较 2014 年翻一番。欧盟国家的工资增长率也达到过去 15 年来的最高水平，从 2012 年的负增长提高至 2015 年的 1.9%。但目前仍无法确定这些发达国家在未来能否延续增长势头，重新陷入工资停滞的可能性仍然存在。

与经济增长的整体趋势一致，发达经济体的经济增长回暖并不足以抵消新兴和发展中地区增长放缓的消极影响。2015 年，东欧地区延续了 2013—2014 年的增长放缓，出现了显著的下降，这主要受到俄罗斯和乌克兰实际工资下跌的影响（其中后者的跌幅更大）。中亚和西亚地区的实际工资增长在危机后的 2010 年和 2011 年出现强势复苏，但此后逐渐放缓。拉丁美洲和加勒比地区的实际平均工资增长自 2013 年起下滑，2014 年和 2015 年出现负增长，主要是受本地区两大经济体巴西和墨西哥经济疲软的影响。2014—2015 年，巴西的实际工资水平大幅下滑。令人吃惊的是，亚洲和太平洋地区 2015 年的实际工资平均增长率高于 2014 年，尽管中国的工资增速放缓[6]。在非洲，由于数据不足，只能进行试验性的估算。根据现有数据和信息，非洲在 2014 年或经历了实际工资下滑，但在 2015 年增速又上升至 2%。由于数据不足，阿拉伯国家的数据同样为初步估算值（参见附录三中的表 A5）。

图 7　2006—2015 年间各地区实际工资年均增长

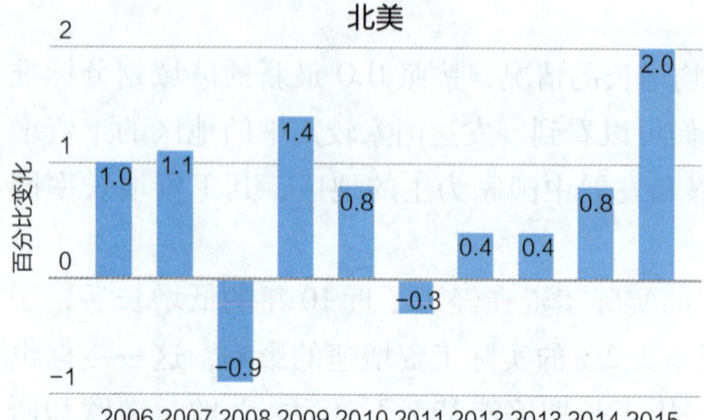

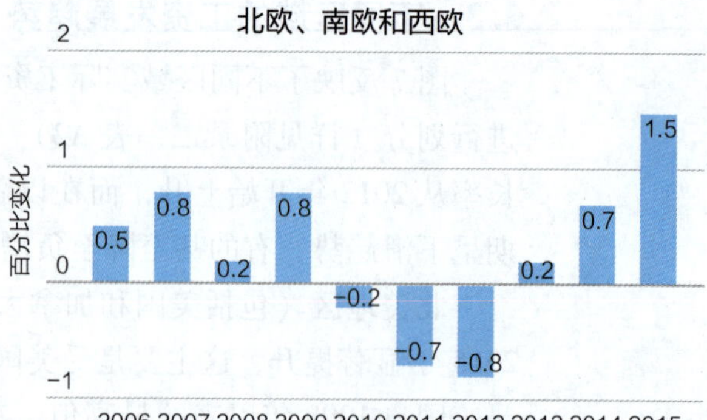

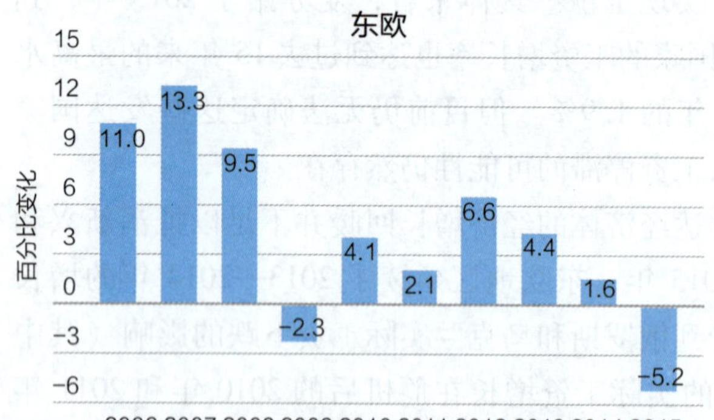

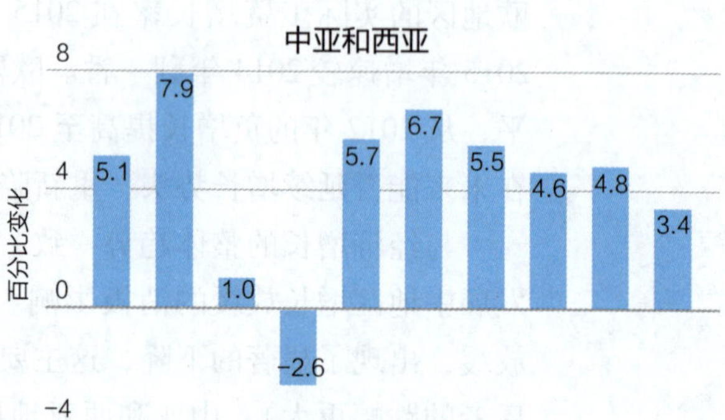

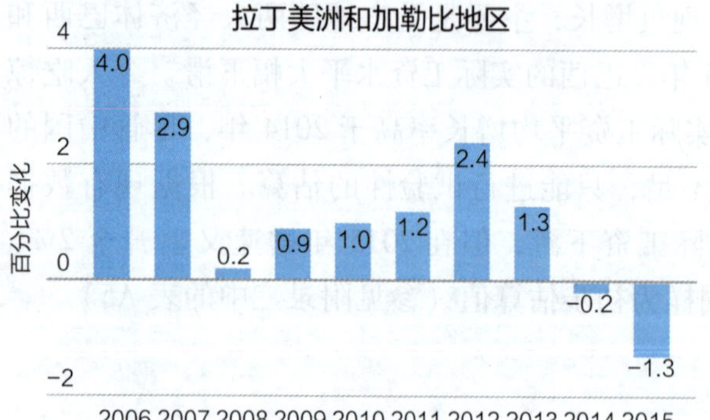

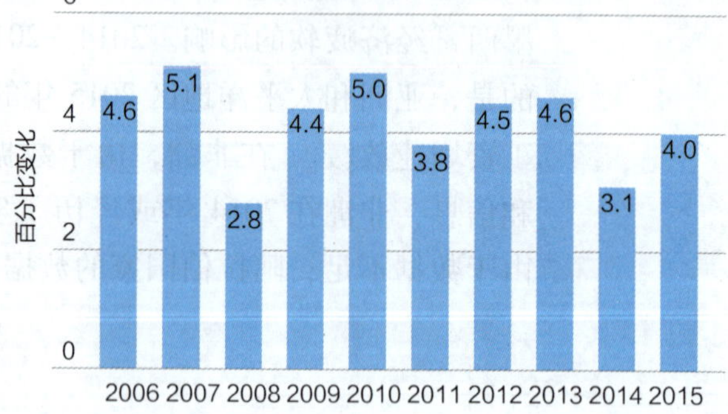

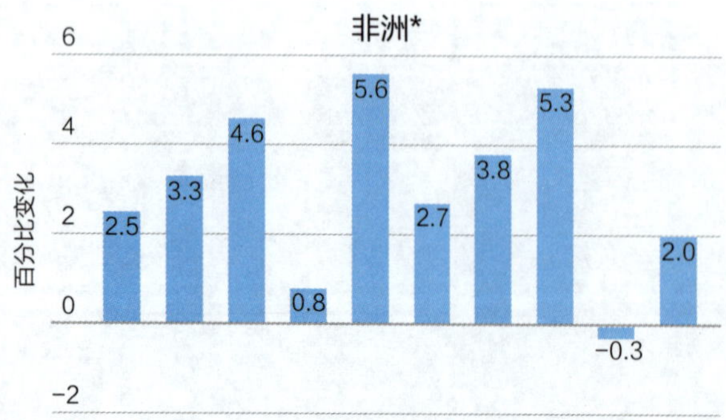

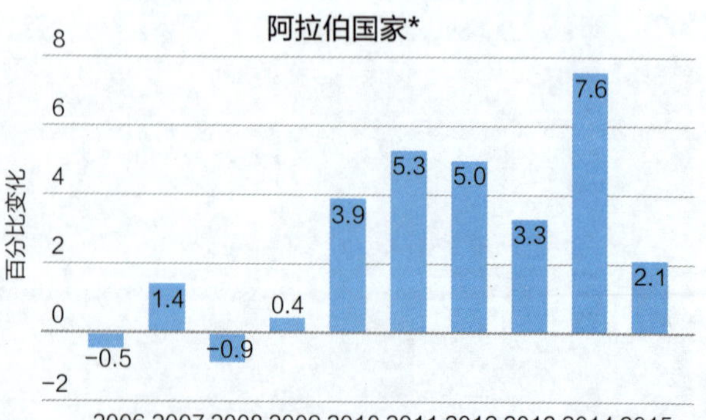

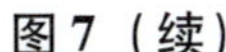

图 7（续）

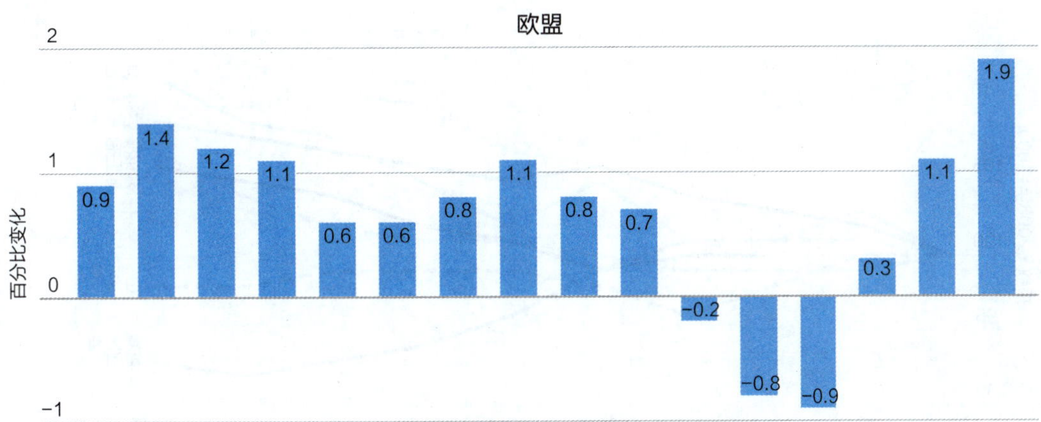

＊由于缺乏足够的数据，一些增长率为初步估算值。

注：各地区的工资增长率按照月实际平均工资较上年同期增长率的加权平均值计算（计算方法参见附录一）。

资料来源：ILO 基于各国官方数据的估算。

3.4　部分国家的工资发展趋势

由于其经济规模在全球和区域经济中占重要比重，二十国集团成员的发展情况举足轻重。图 8 和图 9 分别呈现了二十国集团发达成员经济体和新兴成员经济体的实际工资增长。数据显示，2006 年以来各国的工资增长率变动差别十分明显。

从图 8 可见，自 2006 年以来，在二十国集团发达成员中，韩国的实际平均工资增长最快，提高了 12%，其次分别是澳大利亚（10%）、加拿大（9%）、德国（7%）、法国（6%）以及美国（5%）。而日本、意大利和英国的实际工资分别减少了 2%、6% 和 7%。因此，在实际工资增长方面，过去 10 年里欧洲国家之间出现了一条巨大的鸿沟，一边是法国、德国等势头强劲的国家，另一边则是意大利和英国等走势疲软的国家。由于不同国家收集和统计的方法各异，关于各国平均工资水平的统计并不能进行严格意义上的比较。尽管如此，将这些平均工资数据按购买力平价（PPP）转换率计算为美元，我们可以得到每月 3100 美元的购买力平价值。[7] 通过比较可知，英国的平均工资从约为德国的 98% 降至 86%。仅从 2014 年和 2015 年的数据来看，除了澳大利亚，二十国集团的所有发达国家的实际工资平均增长率都有所上升，其中德国、韩国和美国的增长尤为突出。意大利和英国在经历了数年下滑后，其实际工资平均增长率适度回升。

图 9 反映了二十国集团各新兴成员经济体的实际平均工资指数。将这些国家的平均工资按照 PPP 转换率计算为美元，可以得到每月 1300 美元的购买力平价值，较二十国集团发达国家的数值少了至少一半。从图中可以看到，自 2006 年以来，中国的平均工资几乎翻了一倍，印度增加了约 60%，其余国家的增幅大致在 20%—

图 8　2006—2015 年间二十国集团发达成员实际平均工资指数

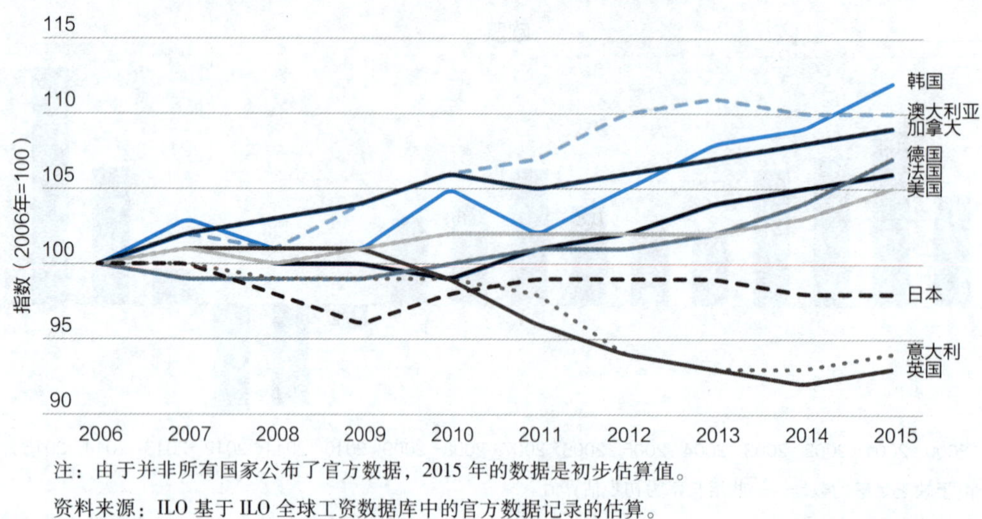

注：由于并非所有国家公布了官方数据，2015 年的数据是初步估算值。

资料来源：ILO 基于 ILO 全球工资数据库中的官方数据记录的估算。

图 9　2006—2015 年间二十国集团新兴成员实际平均工资指数

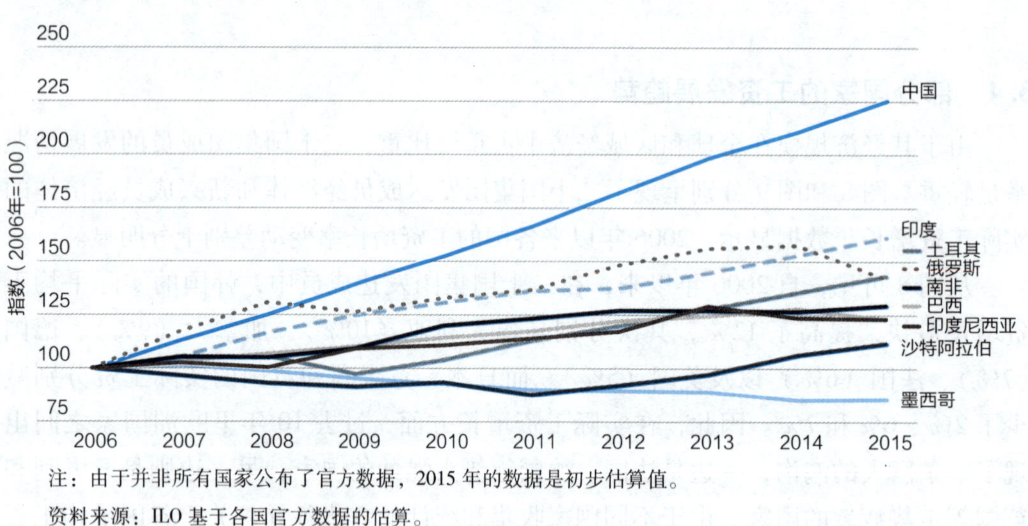

注：由于并非所有国家公布了官方数据，2015 年的数据是初步估算值。

资料来源：ILO 基于各国官方数据的估算。

40% 之间，只有墨西哥的实际工资出现下滑。仅从 2014 年和 2015 年的数据来看，图 6 所示新兴经济体实际工资年均增长率的下滑，主要是受俄罗斯和巴西 2015 年实际平均工资下降的影响。尽管中国的工资高增速较此前相对放缓，它的增长曲线仍在二十国集团经济体中遥遥领先。印度和土耳其的工资平稳增长，墨西哥在经历了 2008 年以来的下滑后，在 2015 年止住了下降势头，与上年增速持平。

图 10 显示，受金融危机冲击，欧洲国家的工资水平总体下滑，但在各国结束财政紧缩政策的 2015 年则出现复苏迹象。值得一提的是，自 2007—2008 年以来，希腊实际工资的跌幅接近 25%。

图 10　2007—2015 年欧洲部分国家的实际平均工资指数

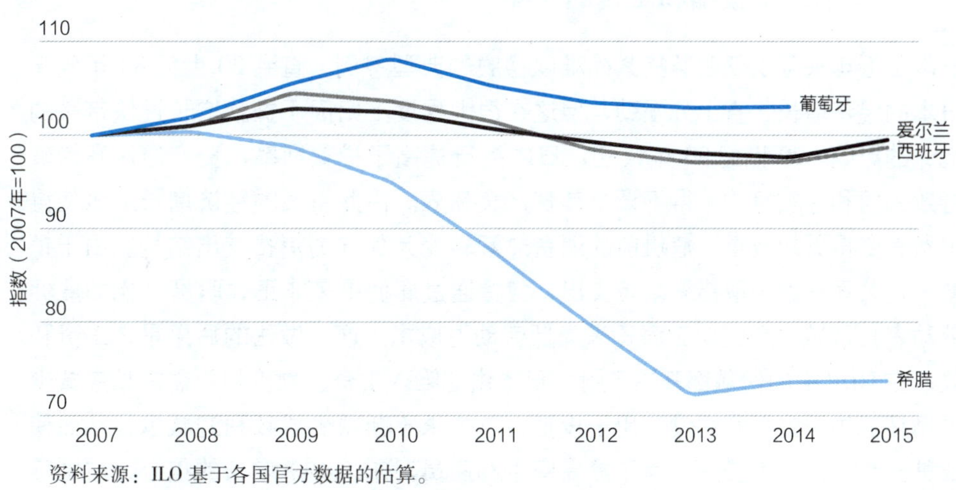

资料来源：ILO 基于各国官方数据的估算。

3.5 工资与通货紧缩风险

如上文所述，反通货膨胀可能导致通货紧缩，这一风险最近在各国都有抬头趋势，尤其是在发达国家。反通货膨胀是指通货膨胀率的下降。当商品和服务的一般价格水平不断下跌，通胀率跌至 0% 以下时，通货紧缩就会发生。据 IMF 的资料，2015 年 120 个经济体中有超过 85 个经济体的通胀率低于长期预期值，其中有 20% 的国家已经发生了通货紧缩（IMF，2016b）。大多数通货紧缩发生在消费者需求相对商品服务供应不断减少，且长期出现疲软的背景下。尽管通货紧缩可能引起实际工资的增长（由于一般价格水平降低），通货紧缩对实际工资的影响主要取决于周期长短。短期来看，在名义工资不变或提高的情况下，物价降低可能引起实际工资的提高，因为合同中确定的名义工资数往往基于积极的通胀预期。但从中期来看，如果通货紧缩的压力持续，名义工资可能随之出现下调，导致实际工资停滞或下降。工资下降本身也是激化通货紧缩的重要因素，因为工资的降低会带来物价下跌，从而引发通缩式工资—物价螺旋（参见专栏 2 中日本的案例）。

通货紧缩的风险很早以前就被人们所了解（Fisher，1933），并一直被视作影响经济的隐患。长期来看，持续的通货紧缩会导致一国的债务增加，并打击投资的积极性。国家需要投入更多资源来支付债务本金和利息，而与此同时，经济活动的活跃度也会发生下滑。

设置锚定名义工资标准是应对通缩风险的有效手段之一。日本央行行长曾建议将央行的价格稳定目标作为企业设定工资的参考，“具体来说就是，一旦央行能够成功将锚定通胀预期控制在 2%，这一标准可以用于管理层与劳动者之间的工资协商。公司和家庭可以严格基于物价大致会上涨 2% 的预期进行经济决策”（Kuroda，2014，p. 4）。除此之外，还有人提议，为了避免劳动收入占 GDP 的份额下降，名义工资的确定应该以经济体中生产率的提高幅度和央行的目标通胀率为依据（参

专栏 2 日本的通货紧缩和工资的变化

日本是近年来可以表明通货紧缩难以摆脱的典型案例。直到 20 世纪 80 年代末期，日本的经济增长一直十分强劲，但这在很大程度上归因于贷款增长过快带来的资产泡沫的影响。20 世纪 90 年代初，日本央行提高了贷款利率，资产泡沫开始破灭，导致公司和金融机构不得不调整其资产负债表。由此引发的经济增长放缓使得日本消费者变得更加慎重，危机前的消费热潮转变为保守的消费支出结构。由于销售不景气，公司开始采取措施削减支出，包括通过雇佣更多非正式职员（例如雇佣兼职劳动者）和减少正式职工薪资来降低劳动力成本。这一做法的后果是，工资和劳动收入在 GDP 中的份额都开始下滑。日本由此陷入工资、物价和总需求相应减少的恶性循环。由于公司利润没有用于投资，总需求不断减少导致利润减少，从而使得企业进一步削减员工工资。为了提高雇主和雇员对未来经济增长的信心，鼓励工资增长，日本央行试图通过货币政策来刺激经济。但今天的工资设定方式已经发生改变，非标准化就业的雇员安于现状。在通货紧缩发生前，被称作“春斗”的工会运动是推动大型雇主与雇员之间劳资谈判的一项机制，能够就工资的提高发挥作用。但如今，这一机制的影响力已大不如前。

资料来源：Kuroda，2014。

见，例如 Herr，2009 和 2015）。无论选择什么指标作为锚定参照物，在现在的工资增速下，我们需要工资协调机制的参与。在众多协调机制中，集体谈判可能是最有效的途径之一。在就业率高而集体谈判机制不成熟的背景下，最低工资标准可以用做确定名义工资的锚定参考值。

4. 工资、生产力和劳动收入份额

平均工资可以体现出员工的劳动报酬和生活水平。但是，为了更好地对平均工资进行经济学分析，最好将其与劳动生产率进行比较。从长期来看，劳动生产率的提高（劳动者创造的商品和服务的平均价值）导致工资的持续增长。与此同时，工资与生产力之间的关系也会影响宏观经济总量。在某些情况下，相对于生产力的工资调节可以提高利润，增加投资，扩大出口和创造更多的就业机会。然而在其他方面，这也可能会导致就业岗位的减少和总需求的下滑，因为其限制了家庭消费，而在大多数国家，家庭消费占据了 GDP 中最大的比重。此外，虽然每个国家原则上可以通过出口增加总需求，但这并不是所有国家都能同时做到的。如果实行工资调节政策的国家过多的话，区域或全球总需求可能会下降，这也凸显了各国之间协调的重要性。

4.1 工资增长与劳动生产率增长之间持续存在的差距

正如之前的《全球工资报告》中所指出的那样，自 20 世纪 80 年代以来，不少大型发达经济体（包括德国、日本和美国）的平均工资增长已经低于平均劳动生产率增长，劳动收入占 GDP 的份额也随之下降（关于劳动收入份额的定义见专栏 3）。

图 11 为更新后的 36 个发达经济体的平均工资和劳动生产率的数据。劳动生产率以劳动者的人均 GDP 衡量，实际工资指数和劳动生产率指数均以加权平均数计

图 11 1999—2015 年间发达经济体实际平均工资和劳动生产率的增长趋势

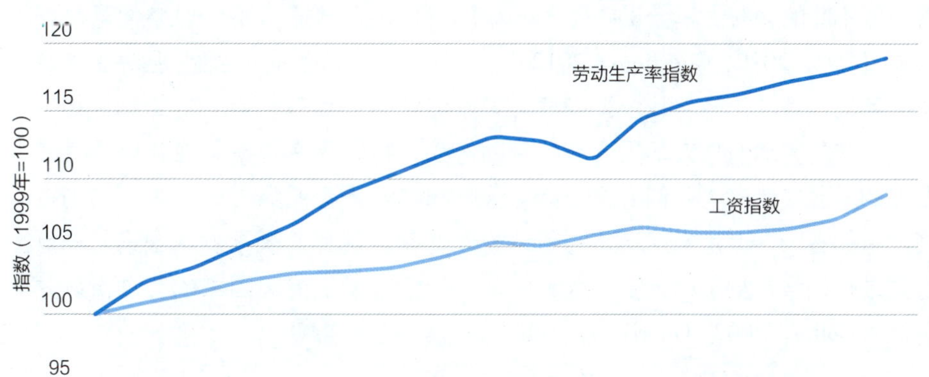

注：计算工资增长的方法是采用 36 个经济体平均每月实际工资同比增长的加权平均数（关于方法论的描述见附录一）。基于数据的可用性，我们将基准年定为 1999 年。

资料来源：ILO 全球工资数据库；ILO，《全球就业趋势》（GET）。

专栏 3 确定劳动收入份额

国民收入是指一个国家一年内居民收入的总和。劳动力和资本之间的国民收入分配被称为收入的功能性分配。劳动力收入份额（或劳动力份额）指国民收入中分配给劳动报酬的部分，而资本份额指的是国民收入中转入资本的部分。劳动力份额的下降往往能反映出劳动生产率增速比平均劳动报酬增长率要更高，以及相对于劳动力来说劳动收入的增加。

劳动份额衡量的是国民收入中归劳动者所有的部分（Krueger，1999）。尽管这听起来很简单，但在实际测量中面临着诸多的挑战。未经调整的劳动份额通常计算为员工总薪资（包括员工的税前工资以及雇主的社会性缴款）与国家生产或收入之间的比值（Lübker，2007）。在分子的选定中，难点在于员工的范围如何界定（CEO是不是员工?），薪资又该如何界定（股票期权是否计为劳动收入?）。分母可以是国民总收入（GNI）或国内生产总值（GDP），并且可以以市场价格或要素成本来进行衡量。由于在某些部门（特别是公共行政部门，其国民经济增值通常只是劳动力成本的总和）中，增加值的计量是有问题的，分析有时侧重于“企业部门”（Karabarbounis and Neiman，2014），或其他一些经济体（OECD，2012）。

无论使用何种方法测算，由于员工补偿将在国民账户体系中被列为“混合收入”的自营收入排除在外（这也意味着这部分收入被记为资本收入），未经调整的劳动份额比真实劳动收入份额更低。同时，至少有部分的混合收入应当被视作劳动投入的回报，因此它也是劳动份额的一部分。查阅文献可知，人们尝试过很多种调整劳动份额的方法。其中一种简单的方法是，假定有 2/3 的混合收入可归于劳动份额；另一种方法是使个体经营者的工资与有偿劳动者的平均工资相等同；还有一种方法就是使个体经营者的收入与和他相似的个人或行业的员工的工资保持基本相同（见 Guerriero，2012；Gollin，2002；Arpaia、Prez and Pichelmann，2009；Freeman，2011）。

尽管采取不同的调整方法会影响劳动份额的占比，但这通常不会对整体趋势产生很大影响（ILO，2010；Guerriero，2012）。不过，我们依然有必要重视对调整及未经调整的劳动份额的解释。从个体经营（如家庭农场）到有偿就业的结构性转变将会使未经调整的劳动份额大于受调整的劳动份额。特别是在考察其在新兴国家和发展中国家的发展趋势时，我们发现个体经营者和非法人企业的占比远大于它们在发达经济体中的占比，但是未经调整的劳动收入份额通常都会低于发达国家。一旦将劳动份额进行调整，把个体经营纳入其中，我们就会发现贫困国家的劳动份额并不总是更低（Gollin，2002；Guerriero，2012）。

资料来源：改编自国际劳工组织和经合组织，2015。

算。因此，在该图中，比起小国，大国对数据的影响要更大。该图显示，自 1999 年以来，这些国家的劳动生产率增长比工资增长快约 10%。在 2014—2015 年间，由于增长速度相对较慢的实际工资略有上升，两线之间的差距缩小约 1 个百分点。尽管如此，两者之间的差距依然很大。

4.2　劳动收入份额总体呈下降趋势

虽然图 11 仅呈现了发达国家的情况（因为发达国家关于工资和劳动生产率的数据更丰富、更易获得且更容易进行比较），但是工资和劳动生产率之间的关系也被纳入 GDP 中劳动收入份额的计算（见专栏 3）。最近的研究表明，劳动收入份额的下降虽然不是普遍的，但俨然已经成为一种全球性趋势（例如 Trapp，2015；Karabarbounis and Neiman，2014）。图 12 通过 1995 年和 2014 年 133 个样本国家经调整后的劳动收入份额分配情况揭示了这一全球趋势。2014 年，所估算的劳动收入分配曲线明显向左位移（即数值整体降低），并且中位数也下降了约 2 个百分点。在全部 133 个样本国家中，91 个国家出现下跌，32 个国家上涨，另外 10 个国家保持稳定。图 13 列举了国情相去甚远但都发生了劳动份额下降的四个国家的情况，其中两个是新兴经济体（中国和墨西哥），另外两个是发达经济体（葡萄牙和美国）。由图可知，近年来中国的劳动份额有所上升，美国也呈现些微的上升趋势，但是墨西哥和葡萄牙的劳动收入份额却持续走低。

图 12　1995 年和 2014 年 133 个经济体经调整后的劳动收入份额分配情况

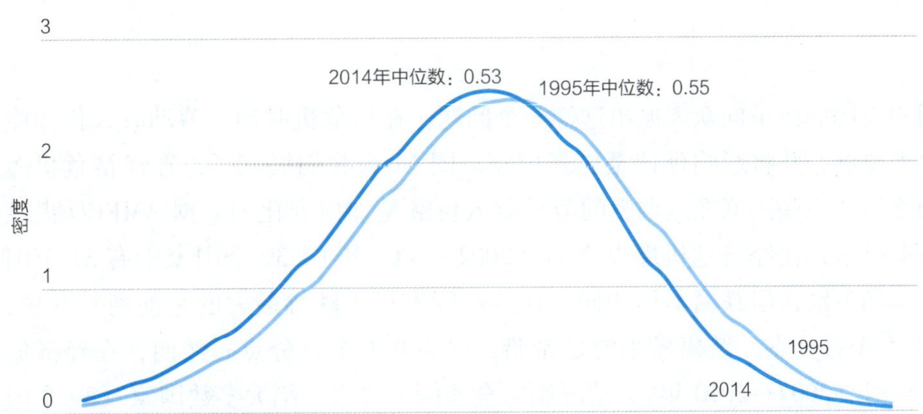

注：该图显示了某些国家的劳动收入份额在特定情况下出现下降的可能性。

资料来源：佩恩表，请访问：http：//cid. econ. ucdavis. edu/pwt. html。调整后的劳动收入份额将个体经营者劳动收入的纳入考虑范围。

图 13　四个发达和新兴经济体的劳动收入份额

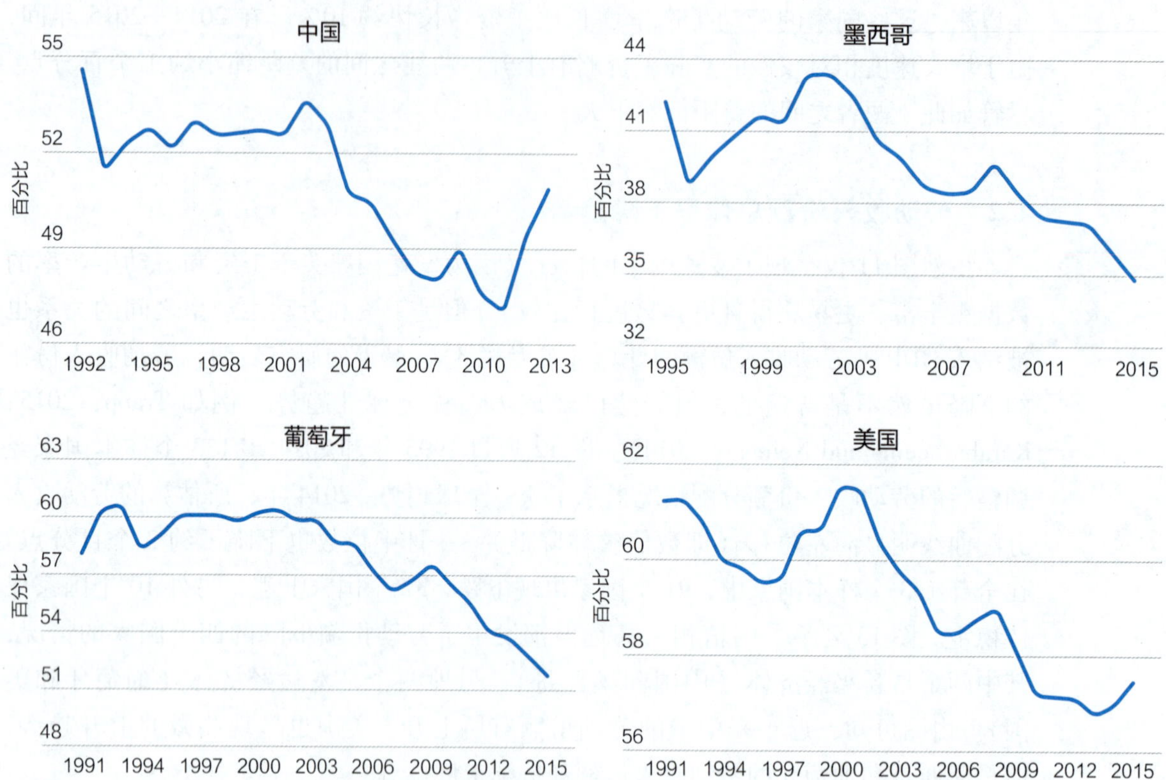

资料来源：墨西哥、美国和葡萄牙的经调整的劳动收入份额数据来自 AMECO。中国的未经调整的劳动收入份额数据来自中国国家统计局。中国数据库：http：//219.235.129.58/indicatorYearQuery.do? id＝030210300000000；AMECO：http：//ec.europa.eu/economy_finance/ameco/user/serie/SelectSerie.cfm。

中国和美国的例子向众人抛出这样一个问题：在后危机时期，劳动收入份额能否出现较大复苏，并将影响延伸至更多国家。图 14 为我们展示了，在经济危机爆发之前和之后，一些国家经过调整的劳动收入份额是如何变化的。据 AMECO 提供的最新数据显示，在经济危机爆发之前（2002—2007 年），39 个国家中有 31 个国家的劳动份额下跌，但跌幅不尽相同。在这些国家里，跌幅最大的是前南马其顿，达到了 11.5 个百分点，跌幅最小的是希腊，仅为 0.1 个百分点。然而，在经济危机席卷全球时（2007—2010 年），情况则完全颠倒了过来，绝大多数国家（39 个国家里的 30 个）的劳动份额反而都有所增加。这反映了一个众所周知的事实，即在经济衰退期间，利润往往会下降得比工资更多、更快。这样的反周期行为在很多文献资料中都有所记载，并且似乎在多数发达经济体中成为现实（IMF，2012）。

图 14 危机发生前、发生时及发生后的经调整的劳动收入份额的变化

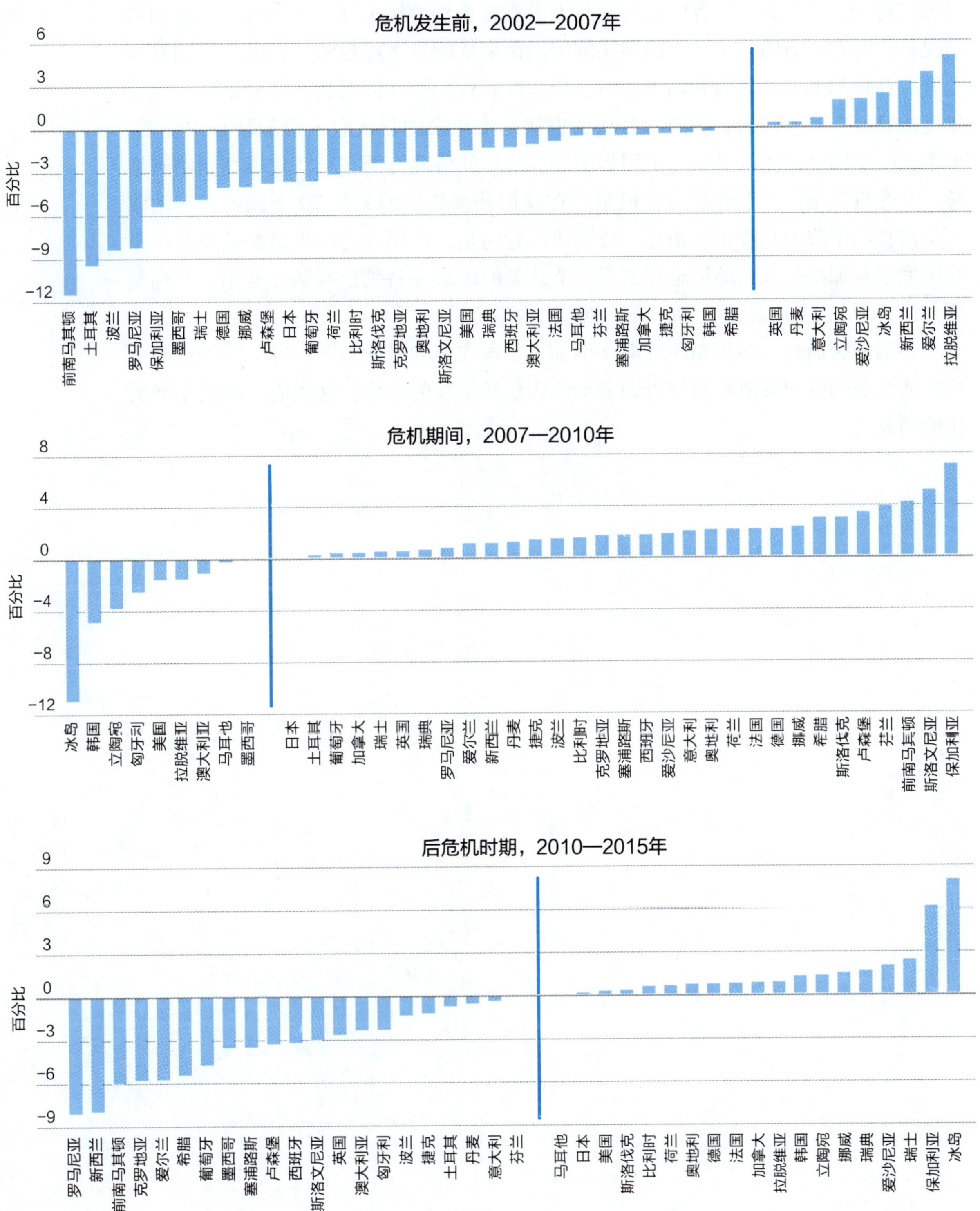

注：经调整的工资份额占 GDP 的百分比按照现行价格计算。

资料来源：AMECO。

我们对危机爆发后的一段时期了解较少。根据图 14 最后一部分内容提供的信息可以得知，过去 5 年里各国的劳动收入份额是否仍继续下跌。由图可知，各国的情况较为复杂，有略多于一半的国家的劳动份额依然呈下降趋势，而另一半则有所上升。在保加利亚、冰岛和瑞士，劳动份额都有较大幅度的增长，部分抵消了此前年度的跌幅；与此同时，美国的劳动者也从几十年来的首次收入份额增长中受益。加拿大、法国、德国等其他二十国集团发达成员的劳动份额在经济危机期间略有增长，并在近期延续了上涨趋势。但是，在我们获得数据的另外 20 个国家，劳动收入份额长期下降的趋势再度抬头。特别要注意的是，在那些受危机影响波及最严重的国家以及那些采取紧缩措施和工资调节政策的国家（特别是希腊、爱尔兰、葡萄牙和西班牙），劳动者的劳动收入份额均出现下降。

各国能否通过一些长期性政策（例如，德国实施的最低工资标准，美国提高了免除加班费的时间阈值）巩固近期劳动收入份额增长的势头，这将成为我们未来关注的问题。

5. 工资不平等与最低工资

5.1　工资不平等

在本报告的前几节里，通过比较平均工资水平和生产率情况，以及将平均工资视为劳动收入份额的组成部分进行分析，可以看到平均工资这一指数的变化情况。但是，平均工资并没能显示出工资是如何分配到劳动者手中的。不可否认的是，近几十年来，在全世界的许多国家——包括三分之二的经合组织（OECD）国家和一些大型新兴经济体（参见 OECD，2008 和 2011a 等），工资不平等的问题都在日益加剧。虽然工资不平等在一定程度上反映了劳动者个人和生产特性的差异，更多的人开始担心过度的工资不平等可能会对经济社会的发展造成不良的影响，并且导致社会凝聚力减弱，家庭消费减少（通常情况下，工资水平高的劳动者更倾向于多储蓄）以及经济增长放缓等后果。我们将在本报告的第二部分更深入、充分地探讨工资不平等的问题。

收入不平等的一个常见衡量标准是阈值比率 D9/D1，它衡量的是全社会中收入最低的 10% 人口和收入最高的 10% 人口之间收入的差距（见图 15）。图 16 显示了自 21 世纪以来，该比率在 OECD 国家是如何发生变化的。该图左边的内容显示了 21 世纪初期工资不平等率增加的国家，其中爱尔兰、挪威、韩国和美国的增幅最大；而右边则是工资不平等程度下降的国家，其中智利、爱沙尼亚、匈牙利和葡萄牙都呈现出了大幅度的下跌。图 17 展示了一些发展中和新兴经济体的工资比率。在印度尼西亚、菲律宾和越南，工资不平等现象正在日益加剧，而在其他一些国家，包括拉丁美洲的一些国家，工资不平等程度正在下降。相对而言，巴西和秘鲁的工资不平等呈现大幅度下降趋势，南非和墨西哥的工资不平等问题也相对有所缓解。

工资是家庭收入中最重要的组成部分。因此，毫无疑问的是，工资不平等的持

图 15　衡量收入不平等：D9/D1 比率

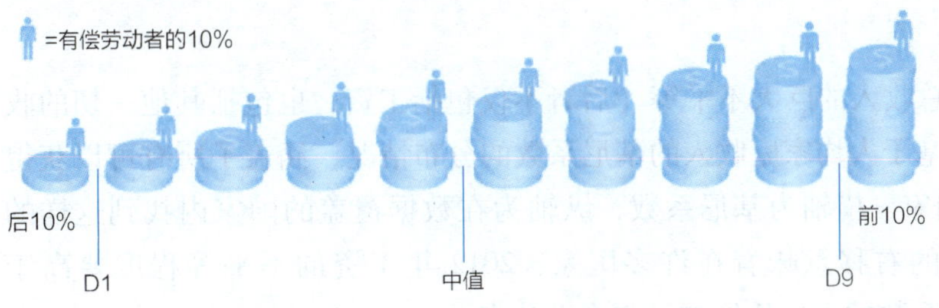

图 16　经合组织各国的收入不平等情况

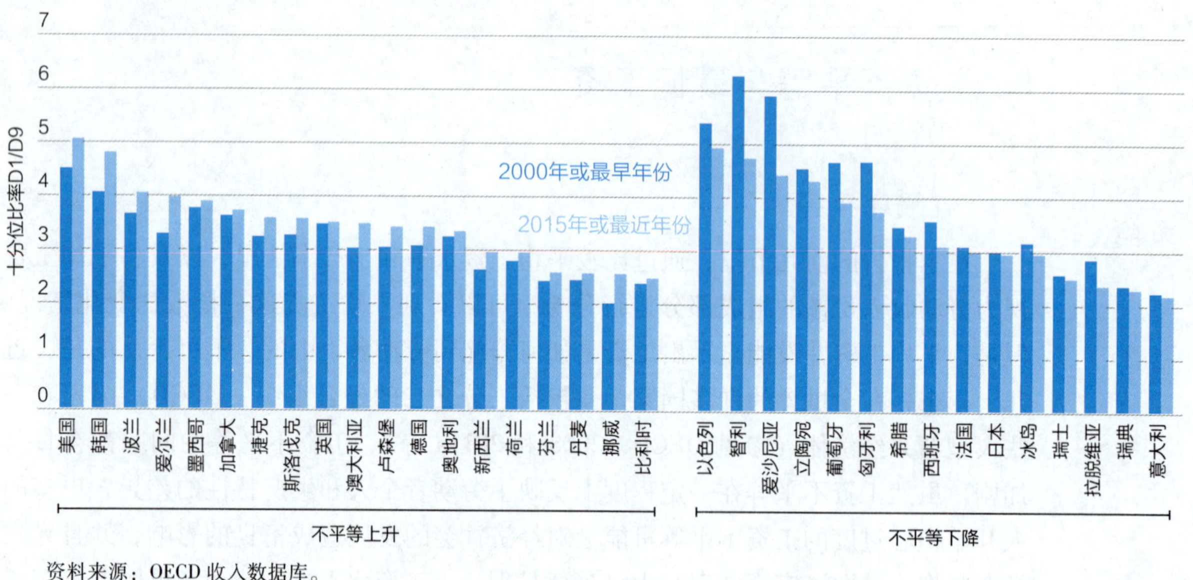

资料来源：OECD 收入数据库。

图 17　部分新兴和发展中国家的工资不平等情况

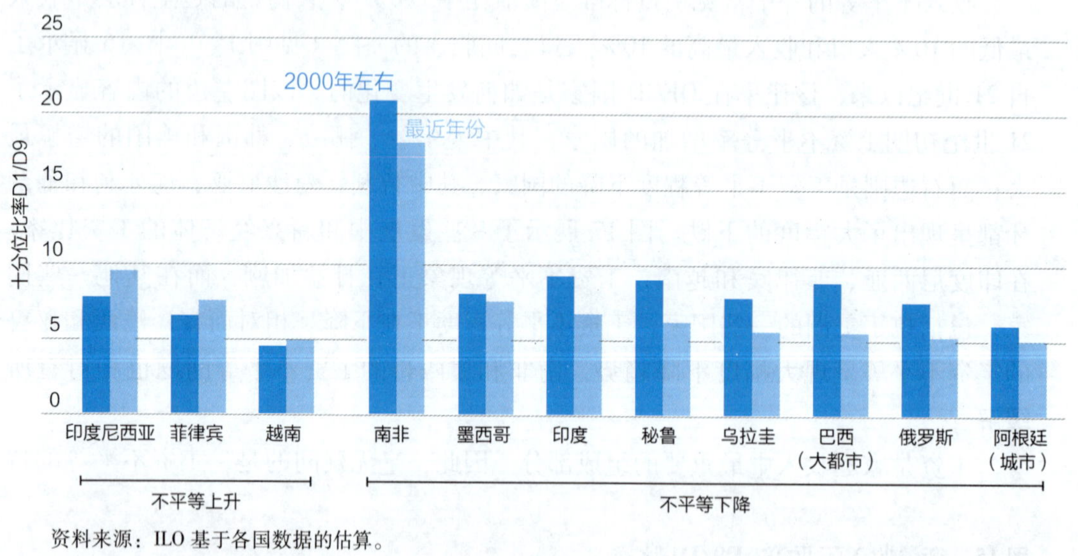

资料来源：ILO 基于各国数据的估算。

续加剧映射出家庭总收入的巨大不平等（后者不仅包括工资，也包括其他一切的收入）。图 18 显示了基于人均家庭收入的基尼系数的分布情况，涵盖了所有可以获得数据地区的 71 个国家。横轴为基尼系数，纵轴为在数据覆盖的国家内找到这样的数值的概率。曲线的右移意味着在许多国家，2012 年工资的不平等程度要高于 1995 年，导致基尼系数的平均值增加了 2 个百分点。[8]

图 18　1995—2012 年间收入不平等的变化情况

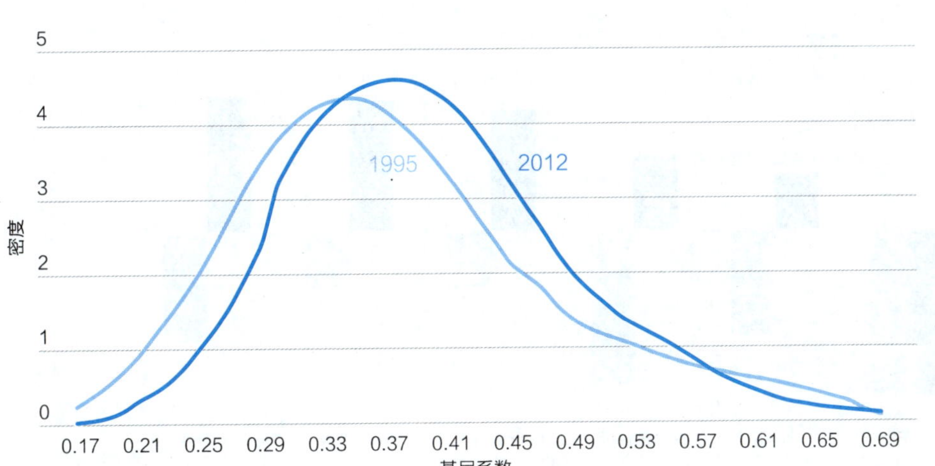

注：该图显示了各国在基尼系数特定水平下，不平等出现下降的可能性（0 = 完全平等）。

资料来源：Euromonitor，2014。

在我们能够获得数据的许多国家和地区，收入不平等的加剧与劳动收入份额的减少相一致，后者在上一节已重点论述。图 19 显示了不同地区的平均劳动收入份额和平均基尼系数的相关性情况。我们可以看到，除拉丁美洲以外的所有地区，伴随着劳动收入份额的下降，工资不平等的程度都有所加剧。拉丁美洲和欧洲的劳动份额降幅最大，阿拉伯国家和亚太地区的一些国家的收入不平等问题最突出。在拉丁美洲，工资不平等和劳动收入份额同时减少，这表明在这一地区劳动收入份额降低带来的不平等加剧效应可能更多地被压缩的工资分配所抵消。

尽管在大部分地区，劳动收入份额的下降与收入不平等的加剧呈现出一定相关性，表明二者之间可能存在某种联系，但这一联系的本质是什么仍很难讲清楚，学术界仍存在广泛争议。Jacobson 和 Occhino 发现，在美国，劳动份额下降，而基尼系数却出现上升。在假定劳动收入的分配比资本收入分配更平均的前提下，劳动份额的减少意味着更大程度的收入不平等。他们通过计算得出："劳动份额每下降 1 个百分点，基尼系数大约会增加 0. 15 到 0. 33 个百分点"（Jacobson and Occhino，2012，专栏 1）。无独有偶，Adler 和 Schmid 也发现，在德国劳动份额的下降导致市场收入不平等程度加深（Adler and Schmid，2012）。然而，一项更新的研究提出了不同的声音。Francese 和 Mulas - Granados 通过分析 93 个样本国家和地区的情况后发现，劳动收入份额对收入不平等的影响几乎可以忽略不计。根据他们的研究，我们可以得知收入不平等情况加剧的决定性因素仍然是工资差距，而非劳动收入份额的变动（Francese and Mulas - Granados，2015）。从最高对数收入份额和对数劳动收入份额的关系来看，Bengtsson 和 Waldenström 在研究了 19 个样本国家和地区的数据后发现，劳动份额平均每下降 1 个百分点，前 1% 的收入份额则会增加 0. 86 个百分

图 19　1995—2012 年间劳动收入份额和收入不平等的变化

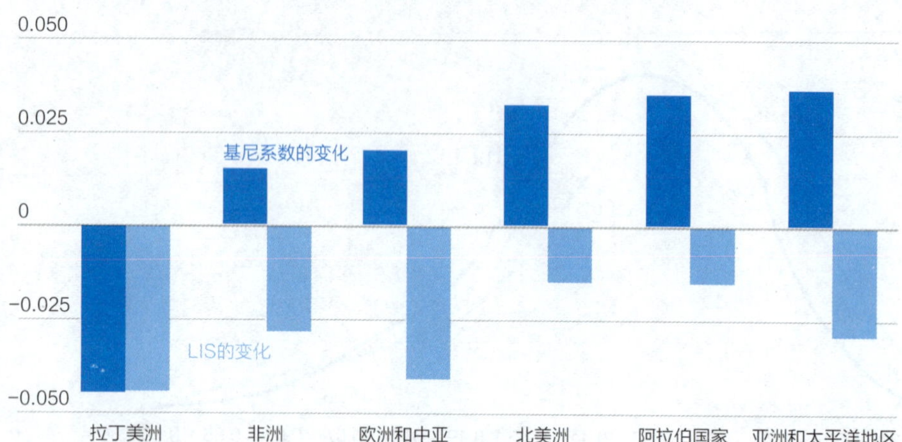

注：欧洲和中亚包括 34 个国家：奥地利、阿塞拜疆、白俄罗斯、比利时、保加利亚、克罗地亚、捷克、丹麦、爱沙尼亚、芬兰、法国、德国、希腊、匈牙利、爱尔兰、以色列、意大利、哈萨克斯坦、拉脱维亚、立陶宛、荷兰、挪威、波兰、葡萄牙、罗马尼亚、俄罗斯、斯洛伐克、斯洛文尼亚、西班牙、瑞士、土耳其、瑞典、乌克兰和英国。北美洲包括两个国家：加拿大和美国。亚洲和太平洋地区包括 13 个国家和地区：澳大利亚、中国、中国香港、印度、印度尼西亚、日本、韩国、马来西亚、新西兰、菲律宾、新加坡、中国台湾和泰国。阿拉伯国家包括三个国家：科威特、约旦和沙特阿拉伯。非洲包括四个国家：埃及、摩洛哥、南非和突尼斯。拉丁美洲包括九个国家：阿根廷、玻利维亚、巴西、智利、哥伦比亚、厄瓜多尔、墨西哥、秘鲁和委内瑞拉。

LIS = 劳动收入份额。

资料来源：Euromonitor，2014；佩恩表第 9 版（2016 年 6 月）（劳动收入份额）。参见：http://cid. econ. ucdavis. edu/pwt. html。

点（Bengtsson and Waldenström，2015）。劳动收入份额的降低为什么以及在何种程度上与收入不平等加剧相关，这有待我们进一步深入探究。

5.2　最低工资

近年来，不少国家出台或提高了最低工资标准，以应对工资不平等和工作贫困带来的挑战。工资水平及分配取决于诸多因素。教育政策、育儿政策和移民政策会影响劳动力市场中不同技能水平的男女劳动力的供给，而贸易政策变化和技术创新则可能改变市场对不同水平劳动者的相对需求。劳动力市场制度同样对工资以及工资不平等问题有重要影响。集体谈判赋予了劳动者向雇主争取更高工资的渠道，这对处于分配后半段且个体议价能力较弱的劳动者来说意义重大。然而，在许多国家，集体谈判的覆盖程度仍然较低，有的甚至出现倒退（Visser、Hayter and Gammarano，2015）。这使一些国家转而建立或完善最低工资确定机制。正如经合组织所指出的："近来的危机以及持续加剧的工资不平等给最低工资谈判增添了新的动力。"（OECD，2015a，p. 1）。

英国于1999年出台了全国性的法定最低工资标准，并在2016年制订了更高的全国性“最低生活工资”（living wage）。自20世纪90年代初以来，经合组织的其他八个国家（捷克、爱沙尼亚、爱尔兰、以色列、波兰、斯洛伐克、斯洛文尼亚，以及最近的德国）也通过了法定最低工资标准（OECD，2015a）。而在那些未设定最低工资标准的经合组织国家中，大多数都通过集体协商来确立法定最低工资额，例如丹麦、芬兰、挪威和瑞士。因此可以说，几乎所有欧洲国家都在不同意义上建立了最低工资标准，尽管未能在事实上覆盖大部分雇佣劳动力，且并不总能兼顾劳动者及其家庭的需求和经济因素等现实情况。

许多发展中和新兴经济体也建立或提高了最低工资标准。1994年，中国通过了最低工资制度，并在2004年进行了强化；南非在1997年种族隔离结束之后，实行了行业最低工资制度，目前正在考虑是否将其推广为全国性的制度；巴西从1995年起开始强化最低工资标准，并且自2005年以来最低工资的增长持续加速；2005年，乌拉圭重新实行了最低工资政策；2007年，俄罗斯建立了区域性最低标准，进一步完善了全国最低工资标准；2013年，马来西亚通过了全国最低工资标准；此后，缅甸和老挝（2015年）以及中国澳门（2016年）也相继通过了自己的最低工资标准。在非洲，最新设立最低工资标准的国家是佛得角（2014年）。

最低工资标准的设立是一种平衡行为。它应以统计证据为基础，充分咨询社会伙伴*，并酌情允许各方平等地直接参与其中（见专栏4）。最近的数据显示，合理的最低工资标准（即充分考虑劳动者及其家庭的实际需求和现实经济因素）有助于提高以女性为主要构成的低薪劳动者的工资水平，且不会给就业带来显著负面影响。英国低收入委员会（2014）的研究，以及德国对国家最低工资标准的最新初次评估（Mindestlohnkommission，2016）都证实了这一点。在翻阅大量文献资料后，世界银行的一项研究指出，“尽管不同文献提出的估算范围有很大差异，各方研究都在一点上达成共识，那就是最低工资对就业的影响通常很小，甚至微不足道（在一些情况下甚至有积极影响）”（Kuddo，Robalino and Weber，2015，p. 11）。在对约70项研究进行梳理后可以发现，尽管结论各异，大多数研究都认为在高收入国家，实施最低工资标准对就业的影响几乎为零，以至于难以在总的就业或失业统计中有所反映（Belman and Wolfson，2014，p. 21）。对美国（Doucouliagos and Stanley，2009）、英国（Leonard，Stanley and Doucouliagos，2014）和一些发达经济体（Belman and Wolfson，2014）进行的“荟萃分析”（meta－study，对研究结果进行定量分析）也得出了类似结论。但是，学术界对这些结论仍存在争议。一些研究指出，最低工资会对业产生负面影响，有可能减少低技能劳动力的就业机会（Neumark and

* “社会伙伴”通常指为了达成共识性目标而在工作关系中相互配合的各方群体，通常是为了实现所有有关群体的共同利益。“社会伙伴”通常包括雇员、雇主、工会、政府等。——译者注

Wascher，2008）。在发展中国家，调查结果似乎更加复杂，并更具国家特色（Belman and Wolfson，2016；Betcherman，2015），表明以国家为单位监测最低工资影响的重要性。对发展中国家而言，实施过高的最低工资标准，除了可能导致就业机会减少，还可能导致正规经济中的雇佣劳动力被迫流向非正规经济（Nataraj 等，2014）。

专栏 4 国际劳工组织最新的最低工资在线政策指南

由于收到了许多关于制定和推行最低工资的建议和要求，ILO 在 2016 年发布了一项新的在线政策指南。根据 ILO 现行标准以及多种国际惯例，本政策指南（www.ilo.org/minimumwage）提供了关于最低工资标准的良好实践等关键问题的信息，为各国根据本国偏好和实际情况提供了不同的选择。

纵观全球，由于各国的需求和选择各异，最低工资制度的内容和实施办法也多种多样。然而，有一些原则是实行最低工资制度的国家都应当遵循的。这些原则在世界银行最近发布的出版物中也被着重强调。*

1970 年 ILO《确定最低工资公约》（第 131 号）的核心是：呼吁在设计和运作最低工资制度时，应与社会伙伴进行充分协商，并酌情允许各方平等地直接参与其中。此外，公约还要求那些“被公认能够代表大众利益的人士”的参与，并在与社会伙伴协商后，给予任命。实际上，在大多数国家，政府通常都会与社会伙伴进行商议后做出决定，然而也有国家的最低工资标准是由专门的三方机构直接制定的。在许多国家，三方咨询通常由政府、社会伙伴与国家社会对话机构组成，如三方工资委员会、工资委员会，或其他具有经济和社会事务能力的三方机构。

关于最低工资水平的问题，《确定最低工资公约》指出，在确定最低工资水平时要考虑的要素应尽可能符合国家惯例和国情，包括：（a）劳动者及其家庭的实际需要（参考本国的一般工资水平、生活成本、社会保障福利以及其他社会群体的有关生活标准）；（b）经济因素，包括经济发展的要求、生产力水平以及实现和维持高就业率的意愿程度。当然，这些标准也并非详尽无遗，而是在尽量追求经济和社会因素的平衡。为了保持这种相关性平衡，也需要对最低工资不时进行调整。

《确定最低工资公约》还呼吁“采取适当的措施，例如通过一些必要措施来实现有效的审查”，确保该公约有关最低工资的规定能切实得到应用和实施。如果违规事件频繁发生，不仅会对那些权利受到侵害的劳动者及其家属带来严重负面影响，也会打击那些遵守规定的雇主的积极性，因为那些违规企业相当于获得不正当的成本优势。合规率受到最低工资水平和制度因素等一系列因素的影响。政策指南为我们提供了一些例子，告诉我们可以通过信息公开、宣传倡议和其他多种方式来确保最低工资制度的落实，提高合规率。

* Kuddo，Robalino and Weber，2015。

资料来源：ILO，2016e（www.ilo.org/minimumwage）。

最常用来评估最低工资水平（相对于国家经济和社会状况）的统计指标是最低工资值与工资中位数的比值（有时称之为“凯茨”指数，即基本工资衡量标准），该指标也可以通过计算最低工资值与平均工资之比获得。在许多国家，凯茨指数被用作监测最低工资水平的工具。但由于各国都希望最大限度实现社会和经济效益，同时力图最小化对就业的不良影响以及通胀所带来的不利后果，人们对凯茨指数在国家层面的应用是否恰当存在争议。考虑到统计来源的差异性，各国计算平均工资和工资中位数的方法差异，以及获得准确而连续数据的难度，我们在比较和解读各国的统计时也应该更加小心。一些国家有多个最低工资率，因而使得指标的计算更加复杂。因此，尽管跨国指标可以用于评估国家级别的最低工资水平，但应该具体问题具体分析，通过精密的计算对其进行补充。即便是国家级别的比率，也应该按部门、性别和地区等分类进行计算。

我们选取了部分发达国家和发展中国家为样本，对这些国家的最低工资指数进行了解读。图 20 展示了对欧洲统计局“欧盟收入和生活条件统计”（EU - SILC）调查所覆盖国家的工资情况进行的估算。该估算表明，在爱沙尼亚和捷克，领取最低工资的人群所获得的工资分别占工资中位数的 37% 和 38%，而在匈牙利、葡萄牙或法国，这一比例则达 60% 以上。大多数国家的最低工资大约是工资中位数的 45%—60%。让我们来看一下最低工资与平均工资的比值（平均比工资中位数高出 15 个百分点），这个比值通常分布于 40%—55% 之间。所以，整个欧洲最低工资的加权平均数为工资中位数的 50%。

图 21 则表明，这种差异在新兴经济体中似乎进一步被放大。越南和墨西哥的最低工资相对占比明显低于菲律宾和印度尼西亚的水平。在秘鲁、印度、巴西和哥斯达黎加，最低工资与工资中位数的比值大约在 68% 至 82% 之间。这种情况在之前就已被观察到，主要是因为在许多新兴经济体中，工资和收入的不平等程度要远高于发达经济体。在新兴经济体中，工资分布曲线往往在曲线中部呈扁平趋势（即位于中部的劳动者的收入非常低），而高收入者的收入则远高于中等收入者。这也许可以解释为什么在一些新兴经济体中，最低工资与工资中位数之间的比值要高于发达经济体。然而，由于这些国家的不平等现象更为严重，所以最低工资与平均工资的比值也与发达国家更接近。请注意，图 21 使用的数据是拥有多个最低工资率的国家的数据。以巴西为例，巴西不仅使用联邦最低工资标准，而且还设有州一级的最低工资且其高于联邦的最低工资。而在印度尼西亚，我们还需要考虑各省的最低工资率。

从图 22 可以看出，随着时间的推移，按照 PPP 美元计算，在高收入国家中，最低工资水平逐渐趋于一致。那些在 2000 年时最低工资处于较低水平的国家，在 2000 年到 2015 年间，其最低工资都有了大幅度的上涨；而那些在 2000 年时最低工资就处于较高水平的国家则在过去 15 年里没有发生太大的变化。

图 20 部分欧洲国家的最低工资与工资中位数和平均工资之比

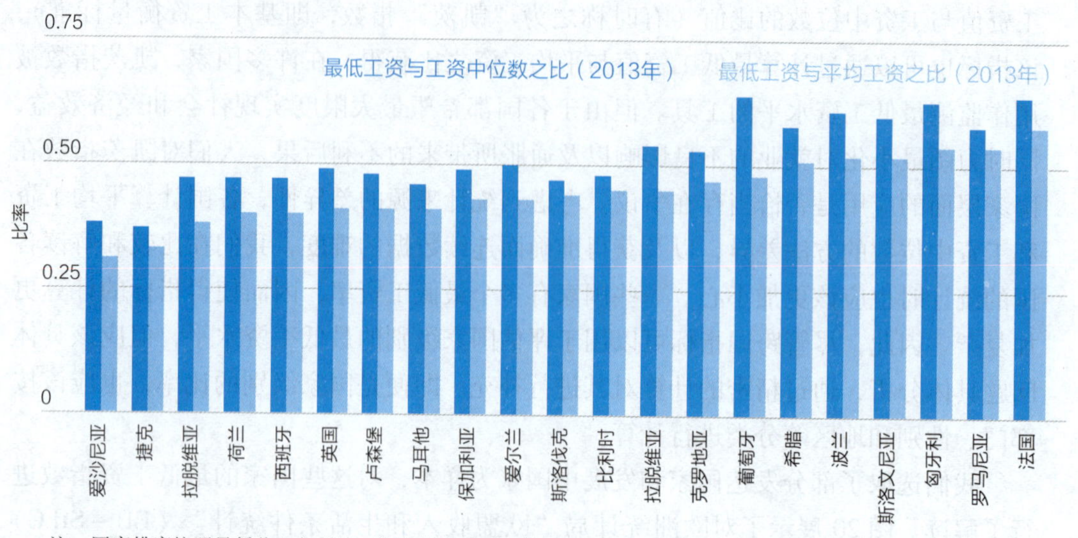

注：国家排序按照最低收入与平均工资比值由低到高排列。

资料来源：ILO 基于 EU－SILC 数据的估算。

图 21 部分新兴经济体最低工资与工资中位数和平均工资之比

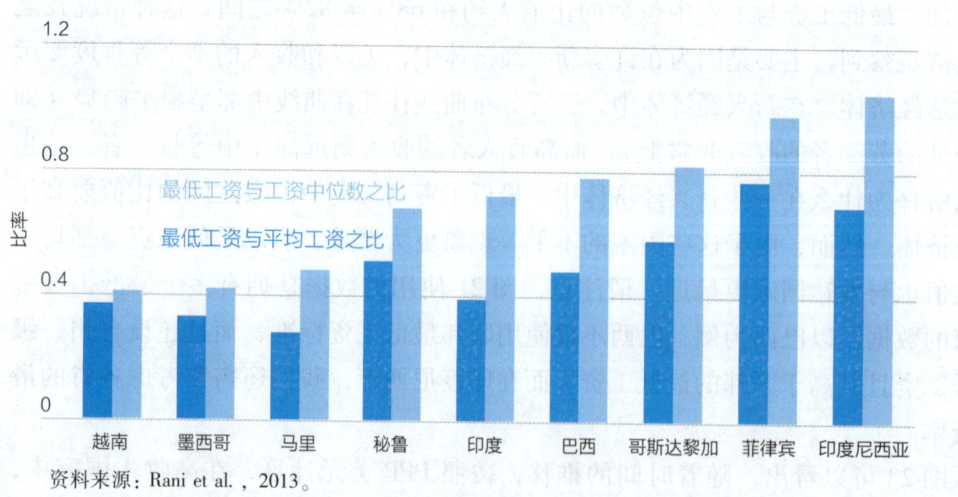

资料来源：Rani et al.，2013。

图 22　高收入国家的最低工资分布情况

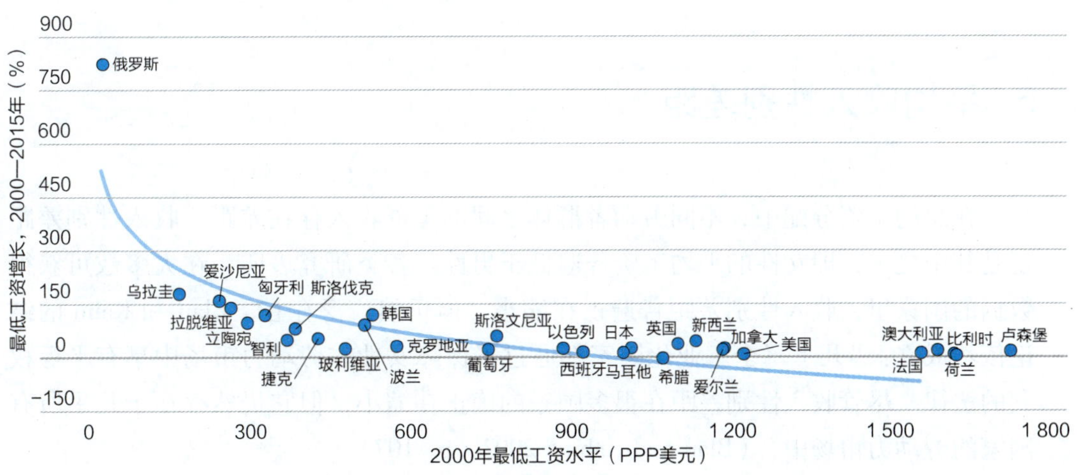

资料来源：ILO，全球工资数据库；世界银行（购买力平价转换因子）。

6. 平均收入性别差距

在总的工资分配中，不同劳动者群体之间的工资收入存在差距。收入性别差距正是其中之一，即女性的平均工资普遍低于男性。各类研究表明，在大多数可获得数据的国家里，收入性别差距普遍正在缩小，但仍然广泛存在。Blau 和 Kahn 的结论依然成立：“几乎每个工业化国家都通过了保障女性在劳动力市场中享有平等权利的法律。尽管收入性别差距在很多国家的确正在缩小，但它仍然存在于几乎所有国家的劳动力市场中”（Blau and Kahn，2003，p. 107）。

图 23 显示，在对世界不同国家和地区男女时薪差距的最新估算中，各个国家和地区的数据呈现出巨大差异。此外，与其他劳动群体间的工资差距类似，纯粹的收入性别差距很难被解读分析。这是因为男女雇员的个体特性（如年龄或受教育程度）以及所在劳动力市场的特点都非常不同。例如，职业隔离——女性在一些特定的职业领域会占据显著多数。不仅如此，在一些情况下，只有少数受教育水平高的女性能进入劳动力市场，这就使女性雇员的平均职业能力要高于男性。因此，我们需要通过更为复杂的分析来了解“纯”收入性别差距背后的成因（参见，例如，ILO，2014b；以及专栏 5 中的文献回顾）。

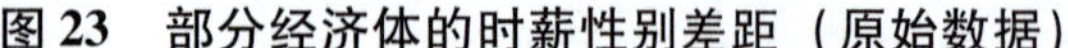
图 23 部分经济体的时薪性别差距（原始数据）

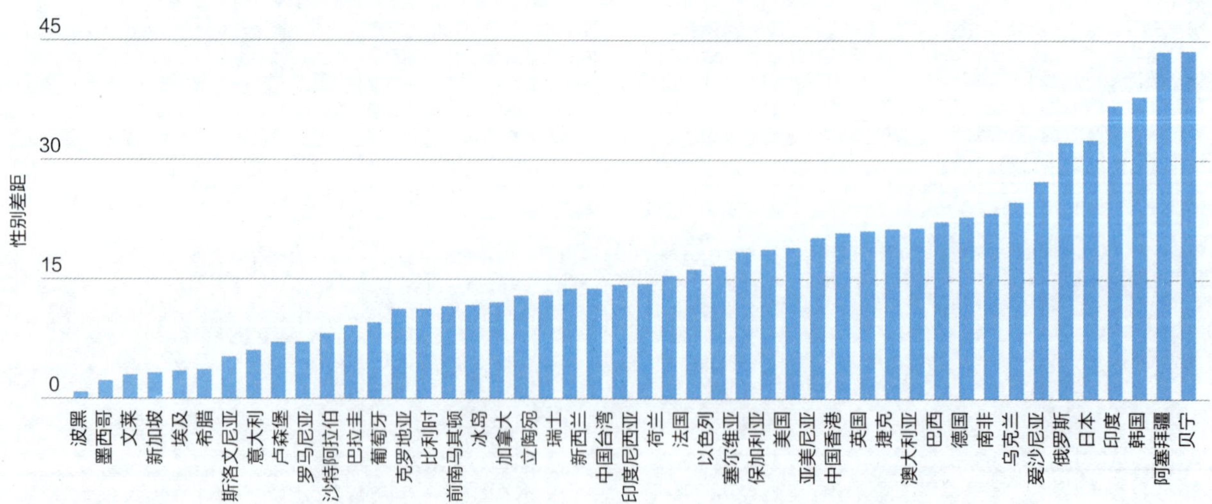

注：时薪差距是由 ILO 从所涉及国家的统计机构或同等机构收集到的平均/中位数工资以及平均/中位数工作小时数得来；94. 6% 的数据是 2013 年或更近年份的数据。

专栏 5　文献综述：工资性别差距背后的故事

Becker（1964）和 Mincer（1974）所完善的人力资本理论认为，工资差距的形成主要受教育和经验积累等情况的影响。这一观点指出，女性的教育背景和学术水平与男性存在明显差异，并且更有可能发生职业中断，导致其工作经验积累不足。通过实证研究得出的结论表明，人力资本的差异是男女工资差异的重要因素。然而，随着男女间受教育的差距逐渐缩小（尤其是在发达国家），教育对现有工资差距的解释力也相应减弱（World Bank，2012）。事实上，在 53 个样本国家里，在对其中 43 个国家* 的个体特性以及居住地进行变量控制后，男女教育水平差距其实非常小，甚至出现了逆转，即女性的平均受教育水平高于男性。在上述情况中，教育不仅不能解释我们已经观察到的工资差距，同时，如果承认教育的影响可以忽略不计，事实上增加了解释工资性别差距的难度。

由于发现教育上的差异并不能完全解释收入性别差距，学界开始改变研究的重点。新的研究不再专注于求学时间（或取得学位）的不同，而是认为收入性别差距取决于男女所受教育的专业领域不同（Machin and Puhani，2003）。越来越多的研究不再以受教育程度高低为对象，转而研究个体受教育的具体领域，印证了这一大趋势：既然女性在教育领域几乎实现了平权，对工资平等的原本要求也发生改变，教育类型受到更多的重视（O'Reilly et al.，2015；Grimshaw and Rubery，2015）。换句话说，工资平等这个目标变得越来越难以界定。

男女在获得专业领域教育的途径和个人选择上的不同，也相应导致了职业隔离和女性劳动价值被低估的问题。职业隔离与特定职业中女性的任职人数过多有关。在某些情况下，职业隔离紧随女性的教育选择发生。例如，由于接受护士教育的人大部分为女性，护士职业群体自然以女性为主。我们在其他的工作领域也能看到类似的情况，特别是那些与护理有关的工作。通常来说，护理工作之所以会被看轻的原因在于很多人认为这是一种天然的女性属性，而不是一种后天习得的技能（Peetz，2015）。因此，女性在这样一种被低估领域的从业人数过多就会造成工资上的差距。在以 33 个中等收入和低收入国家为基础的样本中，职业及工作部门里的性别差异贡献了工资差距的 10%—50%（World Bank，2012）。研究也表明，美国职业隔离程度的减轻带来了收入性别差距的一定改善（UN，2016）。

从宏观经济层面来讲，许多研究表明经济的增长并不是总伴随着收入性别差距的缩小（Nopo，Daza and Ramos，2011；Hertz et al.，2008；Blau and Kahn，2003；Dar and Tzannatos，1999）。其实，经济发展和收入性别差距之间联系微弱并不令人吃惊，因为各国的制度环境、文化规范以及政策之间都存在着巨大差异。而且，这些因素也会随着时间的流逝而不断发生改变。

一般来讲，那些拥有完善的劳动力市场政策和机制（如集体谈判以及最低工资）的国家往往会倾向于提供有利于促进两性平等的环境（Schäfer and Gottschall，2015；Ugarte，Grimshaw and Rubery，2015）。在那些集体谈判强大的国家，不平等的程度往往很低，我们也可以理解为其收入差距很小。研究显示，在经合组织国家中，那些集体谈判率高达至少 80% 的国家的收入性别差距最小（8%），

专栏 5（续）

而在那些集体谈判很弱以及没有最低工资标准或标准较低的国家，其收入性别差距则非常大（Rubery and Grimshaw，2011）。然而，在女性任职人数过多的行业中，工会的存在感往往都比较低（Peetz，2015；ILO，2008b），并且无论是在发达国家还是发展中国家，女性都是低收入群体的主要构成（Lee and Sobeck，2012；ILO，2010a）。从这个角度来看，实行最低工资政策也将有助于缩小底层工资分配中的性别差距。

* 在剩下的十个国家中，所有这些国家都是低收入和中等收入国家，有五个国家的男女之间教育上的差异占工资差距的 10%—50%，在另外五个国家则占 0%—10%。

资料来源：本专栏改编自 Maître 和 Sobeck，即将发布。

第二部分　工作中的工资不平等

7. 引言

近年来，不平等问题引起国际社会越来越多的重视。据2014年对44个国家进行的一项调查显示，绝大多数受访者都认为贫富悬殊是现今国家正在面临的一个“大问题”，其中28个国家的受访者认为这是一个“生死攸关的问题”（Pew Research Center，2014）。在发达国家，与这种看法相伴的是对未来的悲观情绪，人们认为自己的子女未来将要面临更加糟糕的财务状况。在一些发展中和新兴经济体，大多数人对未来持乐观态度，相信他们的下一代将会有更好的生活。但是，在这两类国家里，他们的看法都促使政府更加关注不平等问题，使之成为一项重要的政治议题。

与此同时，人们越来越认可过度的不平等对经济增长以及社会结构都会造成不良的影响（参见，例如，OECD，2015b）。不平等还可能会抑制消费需求，从而阻碍经济发展，因为高收入个体及其家庭相较于低收入者，更可能将大部分工资和其他收入储蓄起来。在高度不平等的社会，消除贫困也成为一大难题。随着消除贫困已成为可持续发展目标1（SDG 1）这一全球目标，不平等问题将日益受到更多的重视（World Bank，2016）。同时，不平等问题会危害机会平等，阻碍社会流动，加深社会分化的程度。这些事态发展可能威胁到政治稳定和/或劳工关系环境。人们已经意识到，社会正义和社会包容能够为可持续发展型企业创造更有利环境的条件，把企业发展与推动生产性就业和体面就业有机统一起来（ILO，2007）。

什么措施可以避免不平等的加剧？想要回答这个问题，首先要搞清楚在不同国情和环境下，不平等问题产生的具体成因。

此前的《全球工资报告》显示，将各个类别的家庭的收入来源划分清楚，有助于更好地分析不同因素的影响权重。分析表明，除了以税收和转移支付为手段的财政再分配，工资分配的改变和有偿就业的增减也是导致近年来不平等问题的关键因素。这种情况在发达经济体很常见，在有一个以上适龄劳动力的家庭里，工资通常贡献了家庭总收入的70%—80%。但在发展中国家，这个比例较低，因为有很多人属于个体经营劳动者。不过，分析也表明，在收入不平等程度降低的经济体（例如巴西），工资不平等的改善发挥了重要影响。

但是，哪些因素可以解释工资不平等呢？迄今为止的大部分研究几乎都聚焦在劳动者特点（例如受教育/培训程度）以及市场对熟练工和非熟练工相对需求的变化上，认为这些因素能够解释大多数国家，尤其是高收入国家不断加剧的工资不平等现象。例如，工资的高度不平等可能是因为一国劳动者之间的受教育情况差异相对较大，或是受教育程度高的人往往会享受超高工资。[9]全球化和新技术的出现增加了对熟练技工的需求，市场对非熟练工的需求因此相应减少。毋庸置疑，这些都是非常重要的影响因素。拉丁美洲许多国家工资不平等的改善至少在一定程度上归功于受过良好教育劳动者数量的增加，这些优质劳动力供应的增加降低了教育带来的工资溢价，从而使得那些受教育程度较低的劳动者的相对工资提高，此外，最低工资的增长也提高了后者的绝对工资（参见，例如，Azevedo，Inchaust and Viviane，2013；Maurizio and Vazquez，2016）。

不过，劳动者的特点只能解释我们所观察到的不平等现象的一部分，有时只是非常有限的一部分。[10]事实上，个体特征十分相似的劳动者之间的工资可能出现巨大差异，实际的工资情况难以预测。除此之外，越来越多的研究也指出，尽管例如受教育水平和工作年限等个体特点很容易被观察总结，这些因素难以解释处于工资金字塔顶端的劳动者获得的超高工资。

因此，本报告的第二部分从个人和企业两个角度来审视工资的分配情况。首先，从个体工资分配情况来看，我们重点关注除了技能和工作年限之外的可能影响工资不平等的特点。随后，我们转向企业视角。基于此的研究表明，工资不平等的总体变化受到两方面的重要影响：（1）企业间工资不平等的变化；（2）企业内部工资不平等的变化。要为国家就工资不平等的政策讨论提供参考，我们认为很重要的一点是，有必要将总体层面上的工资不平等分解来看，并充分考虑各因素在不同国家的相对重要程度。尽管更成熟的劳动力市场机制和工资政策对企业内部的工资不平等，以及企业间的平均工资差距都有影响，根据各个因素在实际环境中的影响力大小，政府可以采取不同的针对性政策加以应对。本报告将在第三部分对政策的应用实施进行更详尽的探讨。

8. 工资的总体分配

在发达国家和发展中国家，个体劳动者的工资差距到底有多大呢？为了找到问题的答案，我们根据欧盟统计局的“欧洲收入结构调查”（SES）的数据，找到了22个欧洲国家作为发达国家调查对象。在所观察的22个国家里，我们可以通过选择至少拥有10名以上员工的企业来观察其工资结构。[11]对于发展中国家，只有少数匹配的雇主—雇员信息。因此，对于这些国家，我们将会以这一节里关于传统劳动力的调查为基础（详见附录四，了解有关数据来源的更多信息）。[12]

8.1 工资分配中的工资水平

首先来看一份统计，它以总时薪为统计基础，按升序进行排列。我们将所有劳动者分为十组（或“十分位”），并且显示出前1%（或“第100百分位”）的情况（见前文图15显示的十分位情况）。这一章节的图表显示了从收入位于后10%到前10%的劳动者的工资水平，以及2002年、2006年和2010年的收入位于前1%的劳动者的工资水平。

图24结合各国的受雇员工人数，列出了我们所能获得数据的22个欧洲国家的工资分配的加权平均数。在大部分的分位段上，工资都呈现出平稳的上涨趋势，但

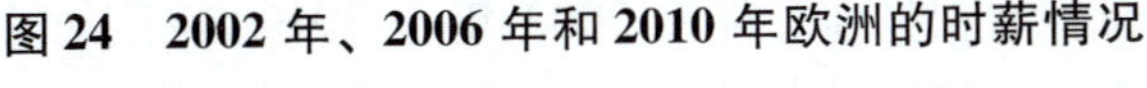
图 24　2002 年、2006 年和 2010 年欧洲的时薪情况

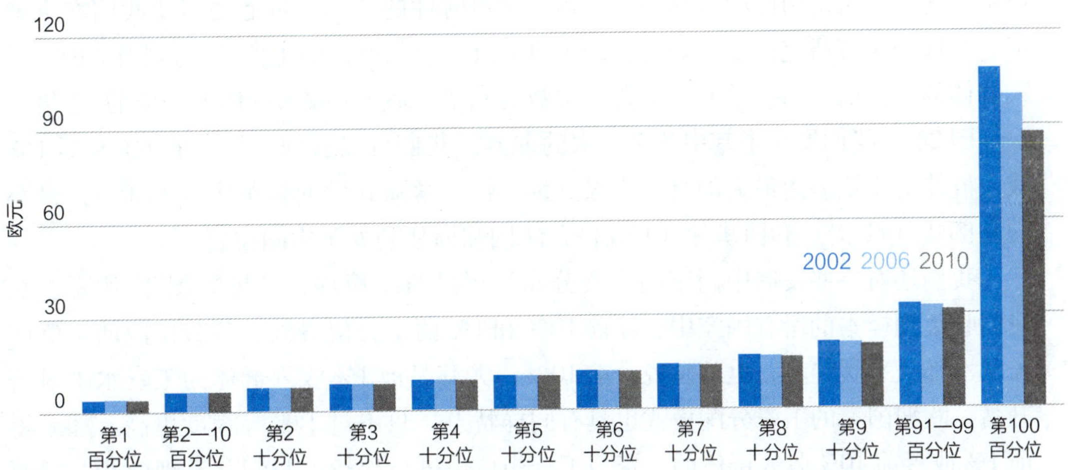

注：该图涵盖的国家有比利时、保加利亚、塞浦路斯、捷克、爱沙尼亚、芬兰、法国、希腊、匈牙利、意大利、拉脱维亚、立陶宛、卢森堡、荷兰、挪威、波兰、葡萄牙、罗马尼亚、斯洛伐克、西班牙和英国。“时薪”是指总时薪，包括合同工资和加班费，再加上奖金和福利。以2010年为基准年的欧元实际价值计。有关数据集的其他信息，请参见附录四。

资料来源：ILO基于来自欧洲统计局“欧洲收入结构调查”的欧元区22个经济体的加权平均数的估算，频率权重由欧洲统计局数据库提供。估算结果显示十分位和百分位的平均值。

图 25　2002 年、2006 年和 2010 年的欧洲月薪情况

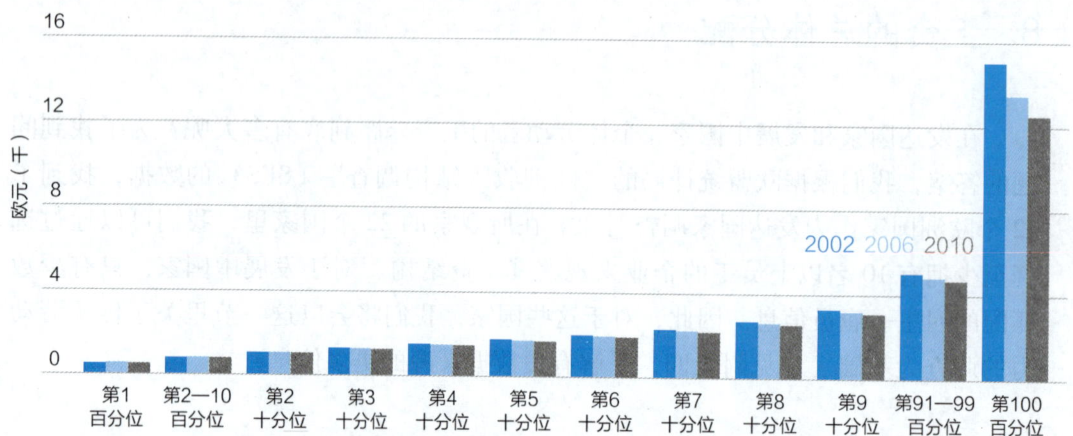

注：“月薪”是指总月工资，包括合同工资和加班费，再加上奖金和福利。以 2010 年为基准年的欧元实际价值计。我们收集了每个国家相关年份的 10 月份的月薪数据，以减少季节的影响。估算结果基于公布的所有雇佣员工的数额，并包括了正式员工和非正式员工。有关详细信息，请参见图 24 的注释。

资料来源：ILO 基于“欧洲收入结构调查”数据库的估算。

前 10% 这个分位段上，工资增幅骤升，前 1% 的劳动者的工资上涨更加明显。图 25 显示，如果参考月薪而不是时薪，欧洲最高工资和最低工资之间的差距将进一步拉大，这部分是由于处于低工资分位段的劳动者从事兼职工作的比率更高。同时，这两张图也显示了欧洲前 10% 和前 1% 收入群体的工资在 2002 年至 2010 年下降了 15%。这是一次结构性的转移还是只是一次暂时性的变动，可能还需要我们在未来进一步展开调查研究。尽管如此，2010 年前 1% 收入群体的工资几乎达到前 10% 收入群体的工资的三倍，是欧洲工资中位数的八倍，后 1% 收入群体的工资的 22 倍。

图 26 为我们展示了其中几个国家的差异。我们可以看到，位于前 1% 和后 1% 收入群体的工资差距最大的是卢森堡（50 倍），紧随其后的是英国（33 倍），最小的是挪威（11 倍）和西班牙（13 倍），法国和匈牙利处于中间位置。

我们还对一些发展中国家的工资分布情况进行了梳理，结果如图 27 所示。在我们收集到样本的所有国家中，除前 10% 和 1% 两个分位段外，各分位段的工资增长基本都呈平缓趋势，也就是说，前 10%，尤其是前 1% 收入群体的工资水平显著升高。欧洲国家的工资分配模式也具有同样特点，只不过不平等程度更高。如果将前 1% 或者前 10% 收入群体的工资与工资中位数进行比较，我们会发现南非与巴西的不平等状况尤为严重（工资分配曲线十分陡峭），而在阿根廷、俄罗斯和墨西哥，工资分配曲线呈渐进式，相比之下更加平缓。

图 28 显示了欧洲实际月收入构成情况。我们可以看到，合同工资的不平等程度因奖金和福利的分配不均而加剧，而这种情况多发生在工资位于前 1% 的收入群体中。对于这些人来说，奖金和福利约占其每小时总收入的四分之一。对于收入在

前 10% 的人来说，这个比例有所下降，在我们进行统计的年份里，奖金和福利约占其收入的 10%—12%。尽管在此期间前 1% 收入群体的加班工资上涨，但是合约工资与奖金和福利却在下降，这印证了我们在图 24 的讨论中特别强调的趋势。

图 26　2010 年部分欧洲国家的相对工资分配情况

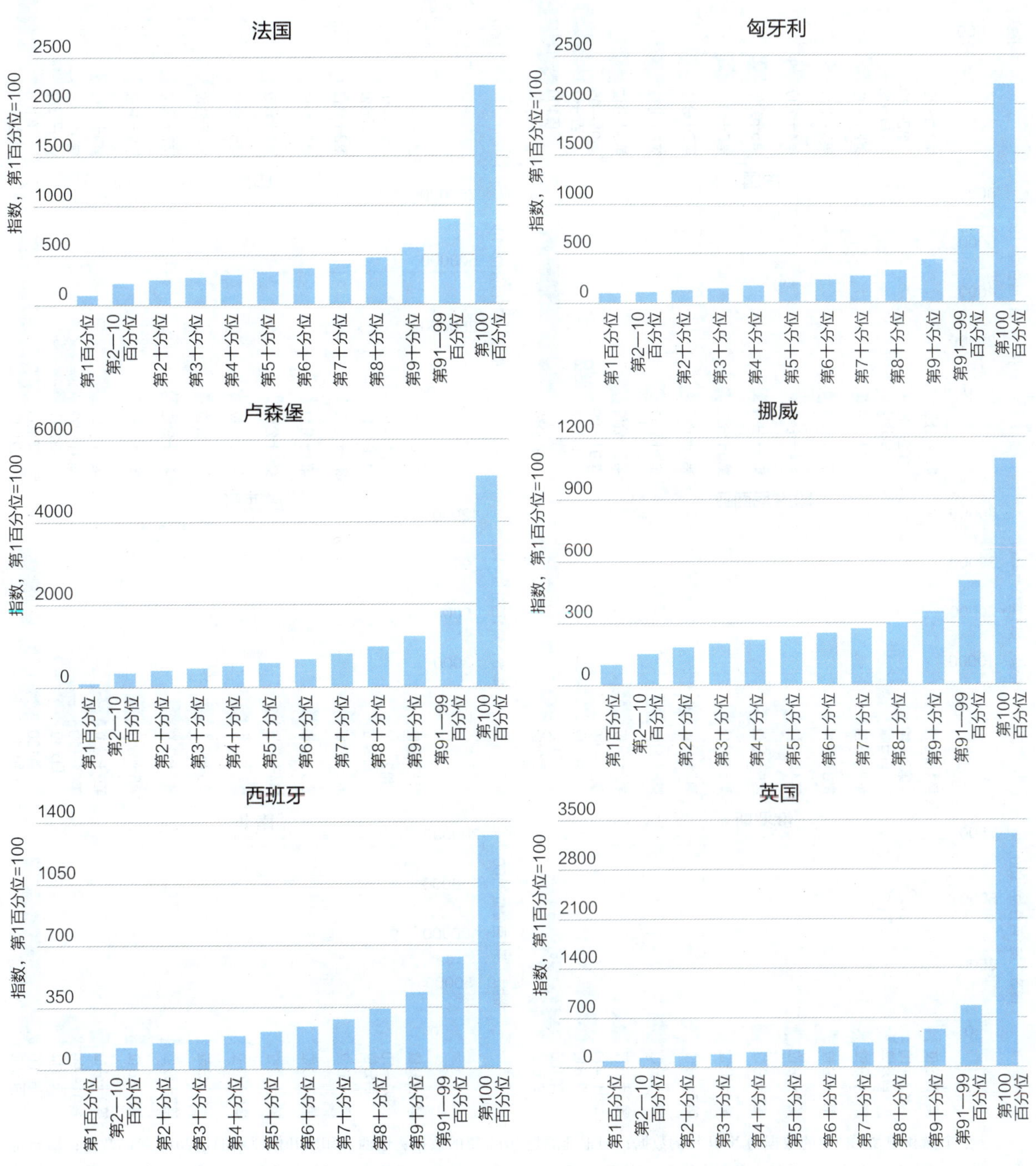

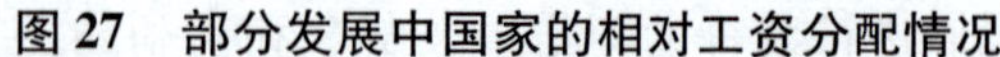

图 27　部分发展中国家的相对工资分配情况

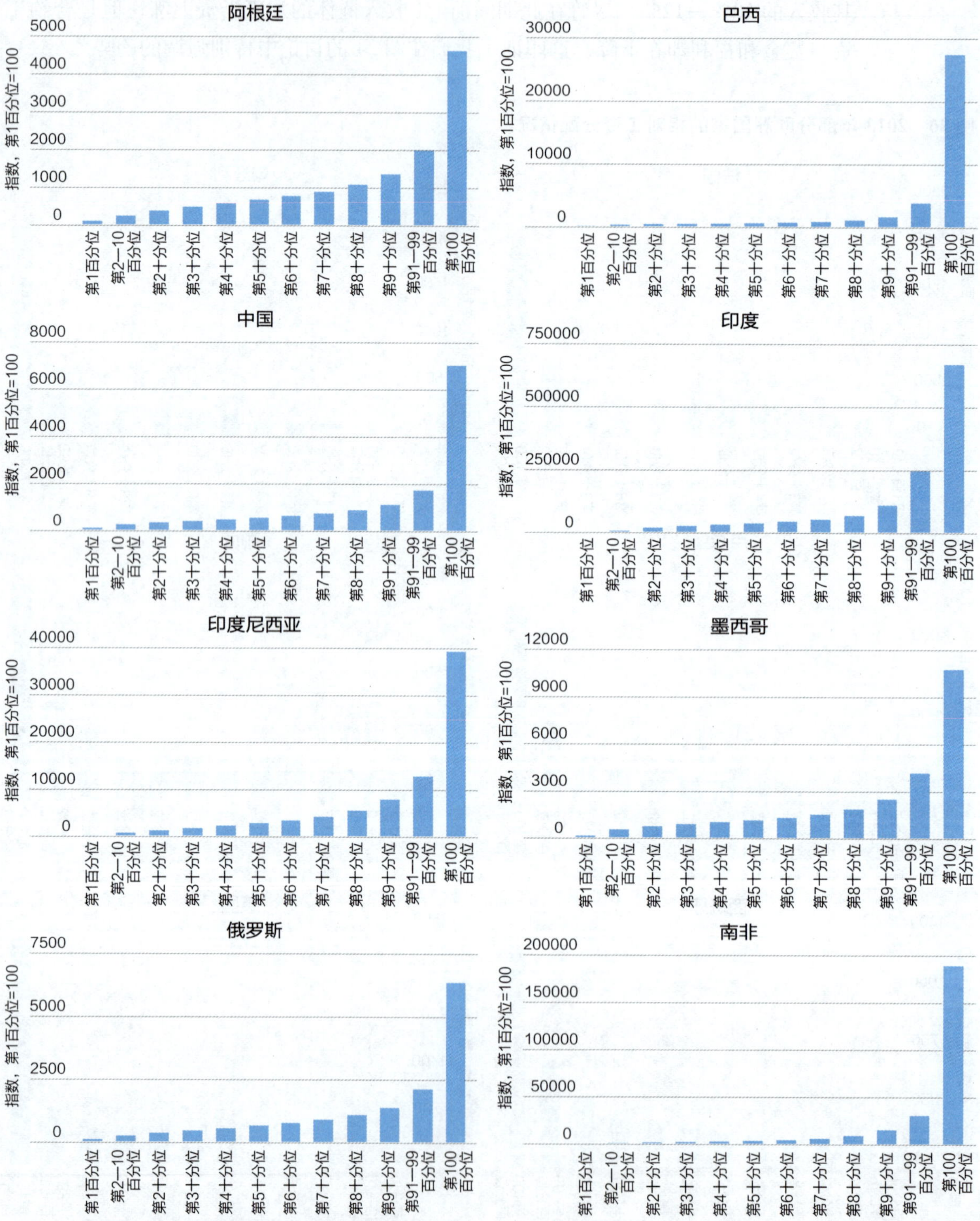

注：中国和印度尼西亚的数据为2009 年的数据；阿根廷的是 2011 年的数据；巴西、印度和俄罗斯的是 2012 年的数据；墨西哥和南非的是 2014 年的数据。所有估算都是基于总时薪，中国、印度和印度尼西亚除外，对这三个国家的估算是基于全职每月等值收入。有关数据集的更多信息，请参见附录四。

资料来源：ILO 基于国家数据集的估算（见附录四）。

图 28　2002 年、2006 年和 2010 年欧洲的月平均收入构成

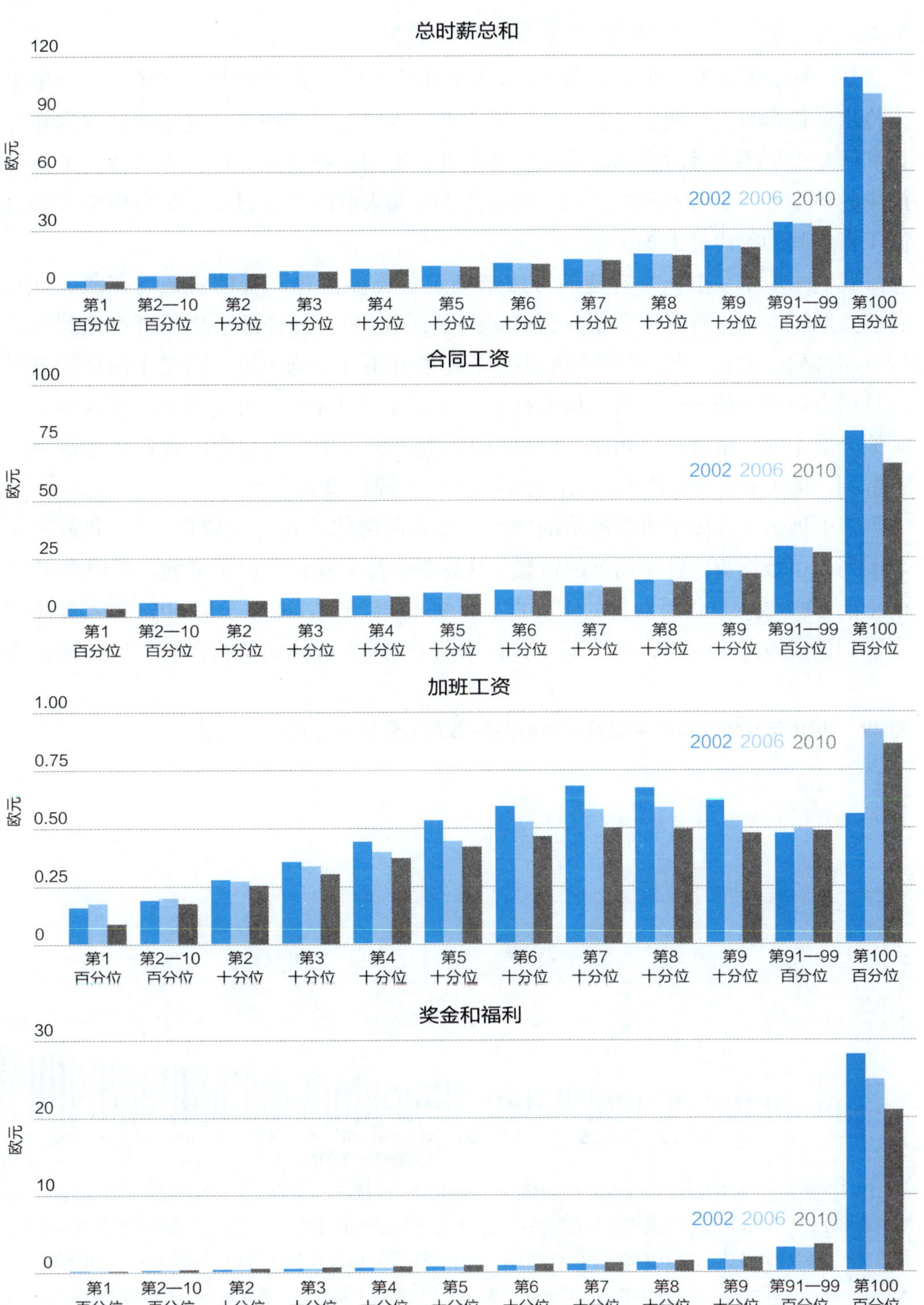

注：时薪总和包括合同工资、加班费以及利润分配、生产性收益等其他非常规收益。每个柱形图都显示了除两端柱形之外的十分位平均值，而两端的柱形则显示了位于分配前后百分位的平均值。

资料来源：ILO 基于来自欧盟统计局“欧洲收入结构调查”的以 22 个经济体的加权平均数为基础的估算，频率权重由欧洲统计局的数据库提供。有关数据集的更多信息，请参见附录四。

8.2　从各项不平等问题的衡量指标看工资分配

从上述分析可知，如果将前 1% 收入群体的工资从前 10% 收入群体的工资中单独拎出来进行分析，我们将会发现工资的不平等情况更加明显。这表明，我们在分析和研究工资不平等时应该注重从多种角度，运用多种方法，因为不平等在工资分配中的各个环节都有不同的表现，例如位于底端人群的工资过低、工资中位数和最高工资之间的差距过大等。

我们采取了一个非常有趣的方法来确定各群体占总工资的份额。在图 29 中，我们按照工资水平将劳动者划分为 100 组（百分位），并按照平均工资由低到高进行升序排列。但是，各分位段柱形图所表示的并不是平均工资，而是不同劳动者群体月薪总额所占的比例。图中所有柱形图加起来为 100%。可以看到，在欧洲，与其他分配中的工资百分位相比，前 1% 的工资占据了最大的份额。我们还能进一步了解到，前 1% 的工资数占总工资数的约 6%（确切值为 5.8%）。

表 1 展示了在图中难以展示的内容，即不同群体“占总工资份额”。我们还在表中列出了数据集中各个国家的信息。从这份表格中我们可以了解到，2010 年欧洲位于前 10% 收入群体所获得的工资占总工资的 25.5%，而位于后 50% 收入群体的工资则仅仅占总工资的 30%。其中，位于前 1% 收入群体的工资占总工资份额最大

图 29　2010 年欧洲按加权平均数计算的实际总月工资的百分位分布情况

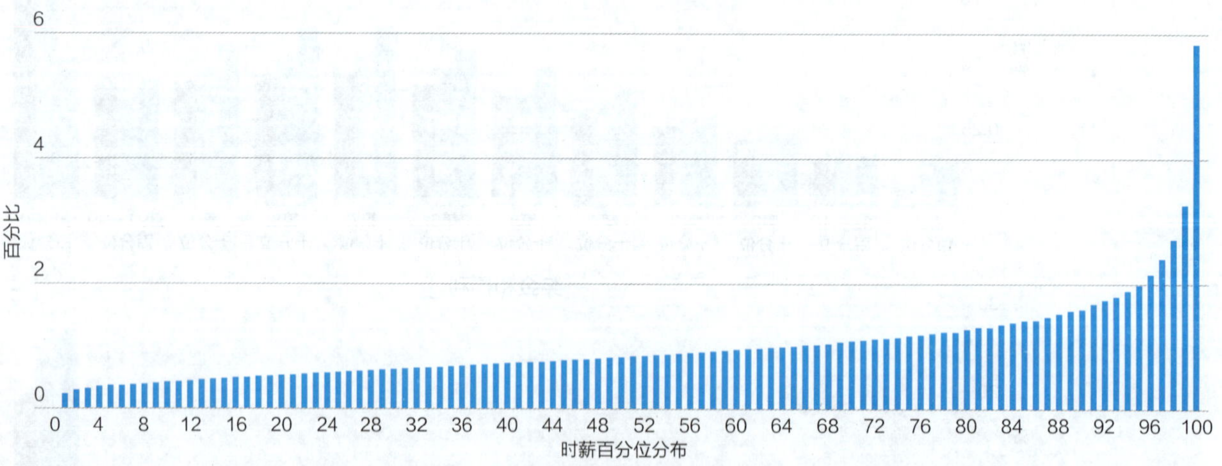

注：该图显示了时薪百分位分布占总工资的比例。我们使用“时薪”来衡量个人，因为这是比较个人收入能力的最佳方法。但我们的估算是基于“每月”的收入，因为这是定义中最后的“蛋糕”，然后将之分发给个人。该图显示实际比例。例如，位于底部百分位收入群体（按时薪计算）的收入总共占到了欧洲 2010 年每月总收入的 0.24%（考虑到 22 个经济体的加权样本的代表性，这反映了欧洲 1.1 亿人的工薪阶层）。在相反的另一个极端，最高的百分位占总蛋糕的 5.84%。我们假设这 100 份中都有大约相同数量的个人，所以，平均来说，通过比较顶部和底部的百分位，估算结果显示，顶部百分位收入群体所能带回家的收入为位于底部百分位收入群体收入的 24 倍。

资料来源：ILO 基于欧洲统计局“欧洲收入结构调查”数据集的计算。

表 1　2010 年不同方法衡量的 22 个欧洲国家的不平等情况

	累计工资分布							十分位比率			
	底部 1%	底部 10%	底部 50%	底部 75%	顶部 25%	顶部 10%	顶部 1%	P90/P10	P90/P50	P50/P10	P100/P10
比利时	0.3	4.4	34.2	59.7	40.3	20.5	3.7	2.6	1.8	1.4	5.0
保加利亚	0.3	3.5	24.1	46.6	53.4	32.0	7.5	4.1	2.5	1.6	12.0
塞浦路斯	0.2	3.7	27.3	51.4	48.6	26.2	5.0	4.4	2.5	1.8	9.0
捷克	0.3	3.7	29.8	54.7	45.3	25.4	6.3	3.5	1.8	1.9	9.0
爱沙尼亚	0.3	3.3	27.0	51.8	48.2	26.7	5.6	4.3	2.0	2.1	9.0
芬兰	0.3	4.8	34.8	60.1	39.9	20.3	3.6	2.5	1.7	1.4	5.0
法国	0.2	4.3	31.6	55.7	44.3	24.4	5.4	2.7	1.8	1.5	6.0
希腊	0.3	4.6	32.5	57.2	42.8	23.6	4.8	2.9	1.9	1.6	6.0
匈牙利	0.4	3.9	26.7	48.8	51.2	30.2	7.3	4.1	2.3	1.8	12.0
意大利	0.2	4.0	32.1	57.5	42.5	22.9	4.9	3.2	2.0	1.6	7.0
拉脱维亚	0.2	3.5	22.9	47.1	52.9	29.9	7.0	4.3	2.4	1.8	11.0
立陶宛	0.4	3.6	25.2	50.8	49.2	26.7	6.0	4.4	2.4	1.9	10.0
卢森堡	0.1	3.5	28.4	52.9	47.1	26.1	6.0	3.6	2.2	1.7	8.0
荷兰	0.1	1.9	27.0	53.3	46.7	24.9	4.7	3.5	1.8	1.9	7.0
挪威	0.3	3.5	31.9	57.5	42.5	22.5	4.4	2.3	1.6	1.4	5.0
波兰	0.3	3.7	28.5	54.1	45.9	24.7	6.3	4.8	2.4	2.0	10.0
葡萄牙	0.3	3.7	24.7	47.0	53.0	30.4	6.9	4.9	3.0	1.6	12.0
罗马尼亚	0.3	3.2	23.7	46.8	53.2	31.4	7.7	4.9	2.5	1.9	14.0
斯洛伐克	0.3	4.0	29.8	53.9	46.1	26.2	6.4	3.4	1.9	1.8	9.0
西班牙	0.3	4.0	29.8	54.9	45.1	23.3	3.5	3.4	2.1	1.6	7.0
瑞典	0.4	4.8	35.0	59.6	40.4	21.7	4.5	2.1	1.6	1.3	4.0
英国	0.2	2.7	24.5	49.1	50.9	29.9	8.4	4.0	2.3	1.8	11.0
欧洲	0.2	3.6	29.1	53.9	46.1	25.5	5.8	3.6	2.1	1.7	8.4

资料来源：ILO 基于“欧洲收入结构调查”数据库的计算。估算的十分位比率显示阈值。

的是英国（8.4%），而位于后 50% 收入群体的工资数占工资总额比重最大的是瑞士、芬兰和比利时（这三个国家的比值在 34%—35% 之间）。

为了完善对不平等程度的选择性审查，我们将目光投向一个研究不平等的经典衡量方法，在本报告的第一部分我们也曾使用过这个方法，即衡量工资中最高十分位与最低十分位的比值，或者可以称“百分之十”（P90/P10）。在表 1 中，我们使用“欧洲收入结构调查”（SES）数据库中的数据计算欧洲国家的相关比率。结果显示，欧洲收入最高的十分位人群的工资平均为最低十分位人群工资的 2—5 倍。瑞典、挪威和芬兰的这一比值较低，英国、保加利亚、匈牙利、波罗的海国家、塞浦路斯、波兰、葡萄牙和罗马尼亚等国的比值则较高。

表2 2010年不同方法衡量的部分发展中国家的不平等情况

	累计工资分布							十分位比率			
	底部1%	底部10%	底部50%	底部75%	顶部25%	顶部10%	顶部1%	P90/P10	P90/P50	P50/P10	P100/P10
中国	0.1	3.1	26.2	49.6	50.4	29.7	9.3	4.2	2.2	1.9	10
印度尼西亚	0.0	1.3	19.0	41.7	58.3	34.2	8.7	11.0	3.1	3.6	25
越南	0.1	2.9	27.7	51.7	48.3	27.2	6.8	5.0	2.4	2.1	15
智利	0.1	3.1	23.9	44.1	55.9	34.5	7.5	5.1	3.2	1.6	20
阿根廷	0.1	3.3	30.7	56.9	43.1	21.7	4.0	4.9	2.2	2.3	10
巴西	0.1	3.0	23.8	44.2	55.8	35.0	5.6	5.3	3.0	1.8	26
秘鲁	0.1	2.6	27.5	51.4	48.6	27.8	5.5	6.0	2.5	2.4	19
印度	0.0	0.7	17.1	35.9	64.0	42.7	9.9	10.9	3.6	3.0	33
俄罗斯	0.2	3.0	27.6	53.2	46.8	24.8	4.5	5.1	2.2	2.4	12
乌拉圭	0.1	3.0	27.5	52.8	47.2	25.4	4.2	5.2	2.4	2.2	13
墨西哥	0.1	3.6	30.1	54.5	45.5	24.6	4.9	4.7	2.4	1.9	12
南非	0.0	0.8	11.9	28.1	71.9	49.2	20.2	18.8	5.0	3.8	69

资料来源：ILO基于各国数据的计算（见附录四）。估算的十分位比率显示阈值。

但是，当我们从最高十分位移动到前1%（相对于最低十分位）时，工资不平等的情况发生了非常大的变化：几乎所有国家的工资不平等程度都增加了一倍以上。在欧洲，前1%收入群体的收入平均比最低10%收入群体的收入要高出8倍，其中北欧国家的这一差距为4倍，罗马尼亚则为14倍。

在表2中我们可以看到该比率在部分发展中国家的情况。我们发现，在这些国家中，用这两种方法衡量的不平等程度相对都要更严重，尽管其不平等情况差异很大。在南非，前1%收入群体的工资占总工资的20.2%，是所有这些国家中最高的。与之相反的是，乌拉圭和阿尔及利亚的这一比值最小，分别为4.2%和4%。在南非、印度和印度尼西亚，后50%收入群体所获得的工资占总工资的比值最低。根据我们的数据集，在越南和智利，前1%收入群体的工资为后10%收入群体的工资的5倍，而在印度尼西亚，这一数值更是达到了11倍。在越南，前1%收入群体的工资更是后10%收入群体的工资的15倍，而在印度，这一数值达到了惊人的33倍。

9. 劳动者的特点

此前章节的估算清楚地显示了工资不平等的存在，但是并没有关于高、中、低收入人群不同特点的信息，也没有有关其工作机构的特征的信息。

9.1 探究个人和劳动力市场的特点如何影响工资水平

接下来，我们对位于不同十分位段或百分位段的劳动者进行了比较研究，研究的对象包括：劳动者个体特点、其所在劳动力市场的特点和资源禀赋，以及雇用他们的企业的特点。这样做的目的是探讨个体在工资分配中所处位置的不同是否会造成显著的差异。我们的估算分为两组：第一，不考虑劳动力市场对工资分配的因果效应（causal effect）*，仅就基本的描述性统计数据进行分析；第二，使用经典的工资回归算法，考察个体劳动者技能变量与这些变量对工资的影响程度之间的相关性。

9.2 不同特点的欧洲劳动者的工资分配情况

图 30 展示了 2010 年对具有不同特点的欧洲劳动者所占比例的估算，并按照十分位划分为不同的组别。从性别角度来看，令人吃惊的是，随着工资十分位的上升，女性所占比例逐渐下降。在欧洲，女性在低收入十分位群体中所占比例约为 60%，而在前 1% 收入群体中，女性的比例仅为 20%。从年龄角度来看，年轻人不出意料地占据了最低收入群体中的最大比重，只有极少数年轻人的工资进入收入最高的前 10%，跻身前 1% 的则更少。从教育角度来看，那些只拥有小学和中学教育程度的人占据了后 50% 收入人群的绝大部分，而那些收入在前 10% 和 1% 的人几乎都拥有大学及以上学位。但是，我们也应该清楚地认识到，高等教育或者大学教育不一定等同于获得高薪工作，因为在工资的各个十分位段中都有受到过高等教育的人。

劳动者都在什么样的企业里工作呢？首先，企业的规模与工资收入之间有着显著关系：规模越大的企业里高薪员工的人数就越多，反之，那些低薪酬劳动者大多集中在小公司。在欧洲，后 40% 收入群体所在的公司的平均员工数都不足 50 人，而前 1% 收入群体中只有不到 20% 是在小公司工作。从行业部门来看，房地产和金融行业的高薪员工比例较高，且低薪酬员工非常少。而在批发业、酒店业、餐饮业以及建筑行业，低薪酬劳动者的比例则相对较高。然而，令人吃惊的是，所有行业都有部分人的收入位列前 10%，甚至是前 1%。

* 因果效应（causal effect）是指一个变量在其余条件不变情况下的变化对另一个变量产生的影响。——译者注

图 30　2010 年欧洲经济体按劳动者特点划分的工资分配十分位情况

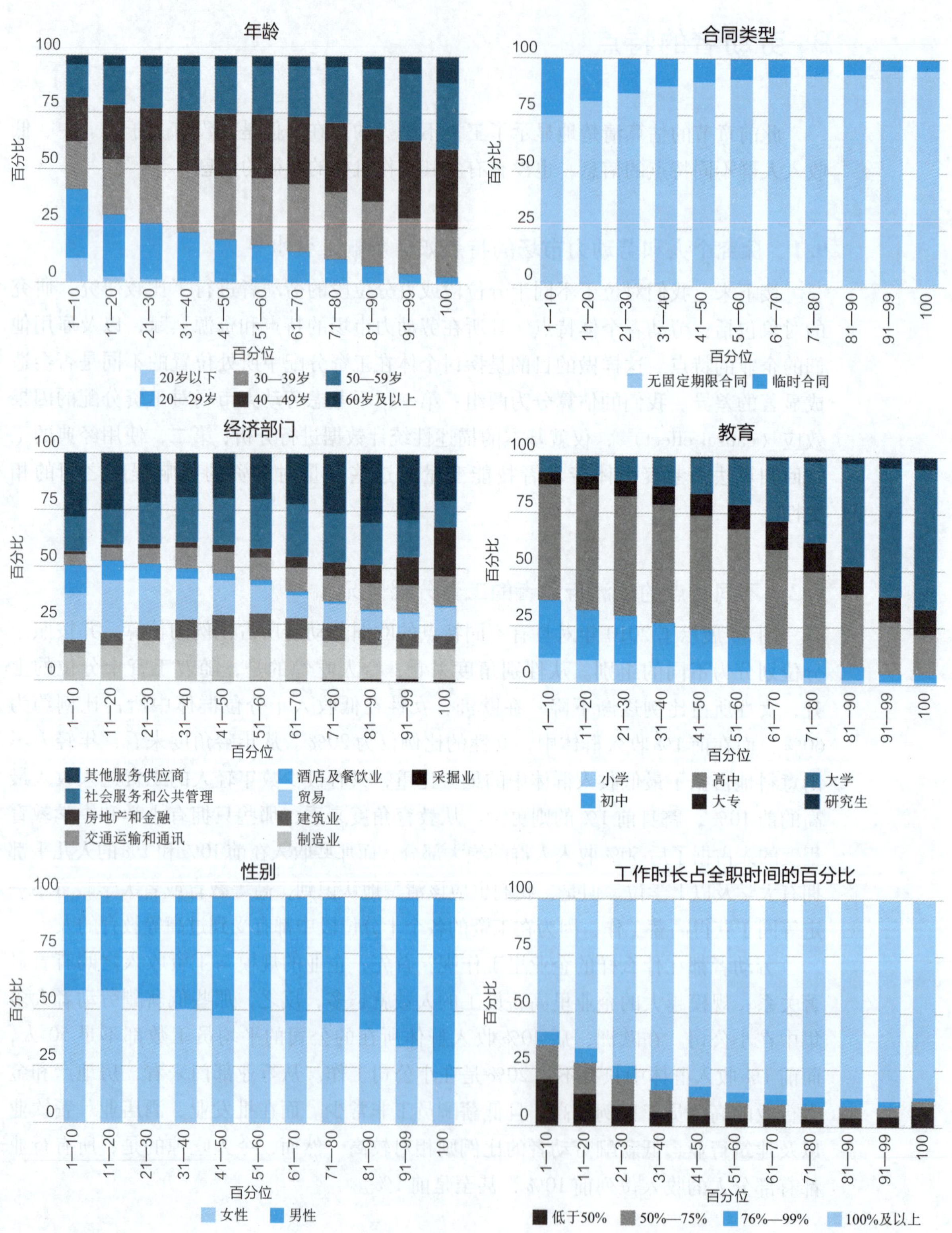

图 30（续）

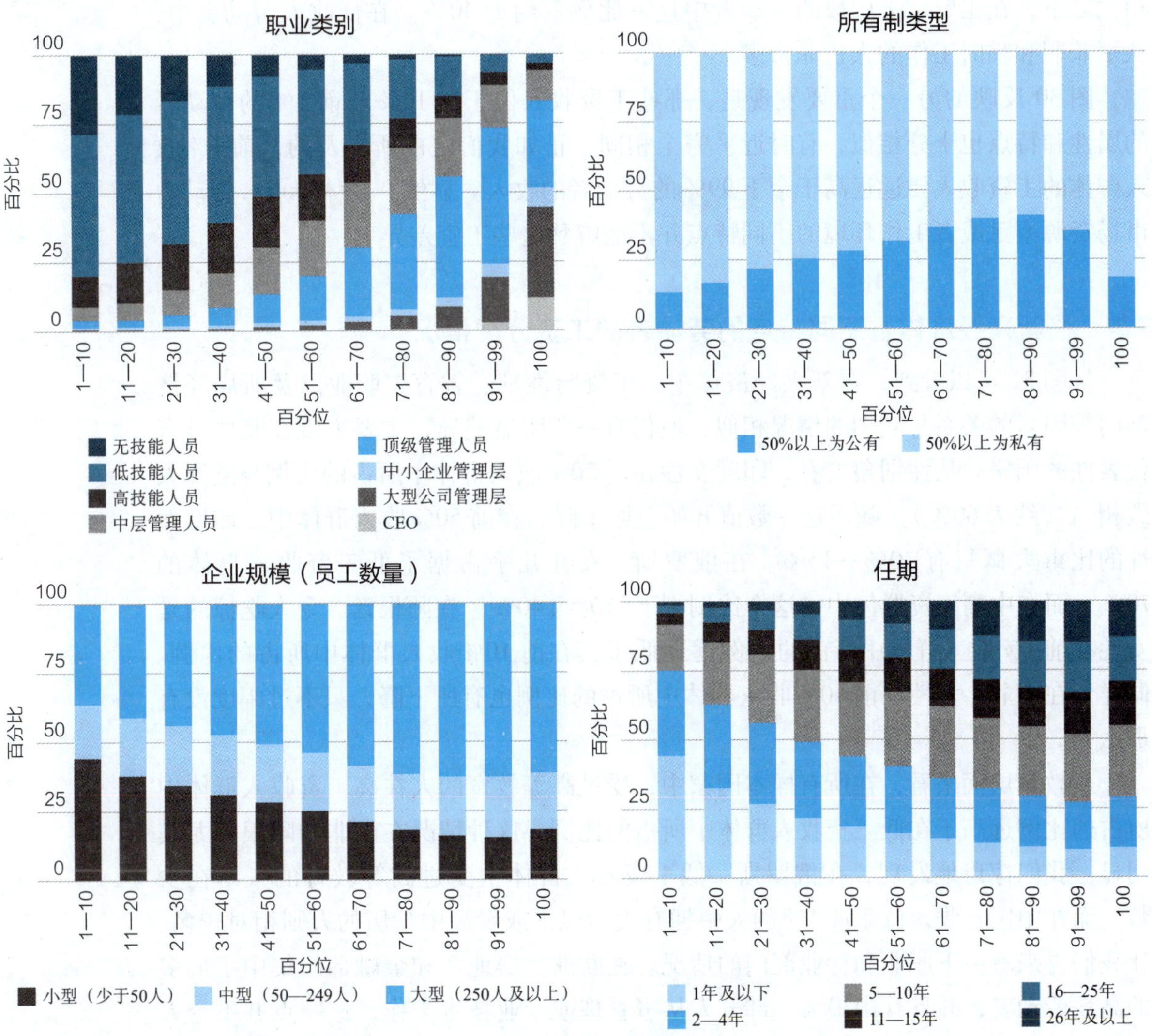

资料来源：ILO 基于“欧洲收入结构调查”数据库的计算。个人按时薪升序排列。

如果从所有制类型来看，在那些公共资本占总资本超过 50% 的企业，少有工资收入能进入前 1% 的人，但也同样少有属于最低 10% 收入群体的人。这表明，公有制企业中工资的分散程度较低，而在私有制企业中，最高工资和最低工资之间的差距往往十分明显。

最后，劳动者所从事的职业主要是什么？其工作条件如何？平均而言，前 1% 收入群体中大约有 40%—50% 为 CEO 或公司管理层。其他主要为高级熟练技术劳动者。但值得我们注意的是，高级熟练技术劳动者的工资水平通常也较高，而那些低技能劳动者和中等技能劳动者通常位于工资分配的后半段。同样值得我们注意的是，低收入劳动者的流动性通常都很高：在最低 10% 收入群体中，几乎有一半的人在自己的岗位上干了一年或者不足一年，有四分之三的人干了四年或者不足四年，相比之下，在工资位于中段的劳动者中这一比例仅约为 40%。在低收入劳动者中，从事兼职和临时工作的人也非常多。

图 30 反映的另一个重要发现是，那些工资收入位于前 10% 与前 1% 的劳动者的属性和特点也十分相似，有时近乎完全相同。正如我们之前所提及的，前 1% 收入群体的工资收入要远远高于余下 99% 的劳动者的收入。显然，个体特点、劳动力市场资源禀赋或者工作环境的不同特点并不能解释这些工资差异。

9.3 在新兴经济体，不同特点的劳动者的工资分配情况

从图 31 可以看到，在新兴经济体中，工资与性别、教育、职业以及所属经济部门等因素的关系与欧洲的情况相似，但仍有一些明显差异，主要表现在某些具有代表性的国家。从性别角度看，印度女性在后 20% 收入群体中所占的比例与欧洲大致相当（约为 60%），随后这一数值开始急剧下降，在前 50% 收入群体中，印度女性的比重大概只有 10%—15%。在俄罗斯，女性几乎占据了低工资收入群体的 70%，而在中高工资群体中，这个比例则下降为约 40%。在阿根廷，令人吃惊的是女性在前 1% 收入群体中所占的比例远远低于其在前 10% 收入群体中所占的比例。同样，在南非，女性在前 10% 收入群体中所占的比例也有所下降，只不过幅度没有那么大。

从教育层面来看，在所有样本国家中，受过高等教育的人在高工资收入群体中所占的比例远高于在低工资收入群体中所占的比例，这种情况在南非和阿根廷尤其明显。我们惊讶地发现，在俄罗斯，低工资收入群体中受过高等教育的人不在少数，而在中国，收入位于前 1% 的人中拥有大学以下或者高中学历的人则相对较多。让我们再来看一下职业和行业部门的情况。在欧洲，房地产和金融部门集中了最多的高薪劳动者，并且其中很大一部分人从事管理或专业技术工作，这一点并不令人意外。在智利，私人服务和贸易业的低工资收入者最多。与欧洲和智利相比，在越南，低工资收入者则更多地集中在制造业和社会服务业。

图 31　新兴经济体按劳动者特点划分的工资分配十分位情况

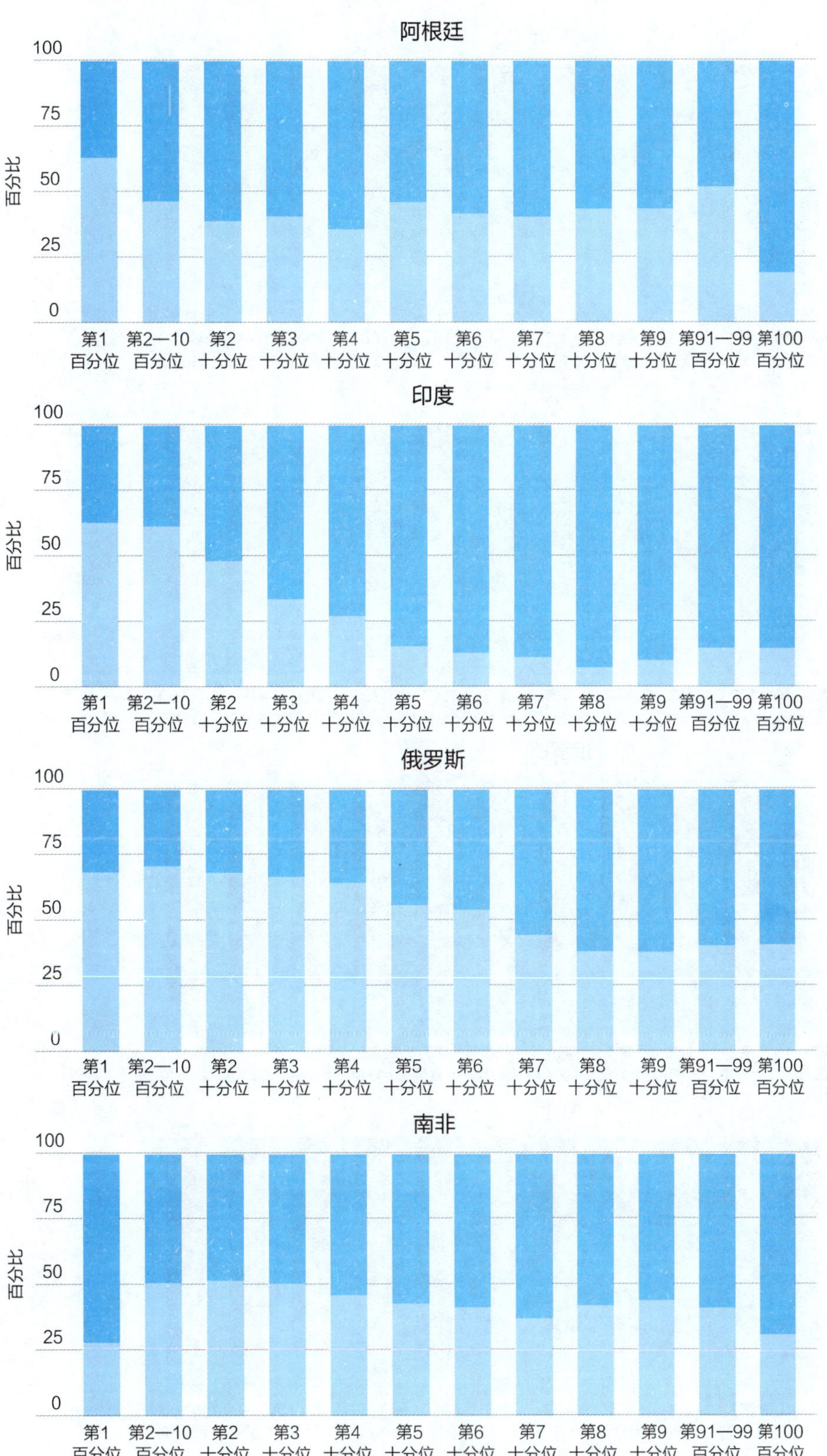

图 31（续）——教育

阿根廷
中国
俄罗斯
南非
百分比
100
75
50
25
0
第1 百分位
第2—10 百分位
第2 十分位
第3 十分位
第4 十分位
第5 十分位
第6 十分位
第7 十分位
第8 十分位
第9 十分位
第91—99 百分位
第100 百分位
小学教育以下
高中以下
高中和/或职高
大学及以上

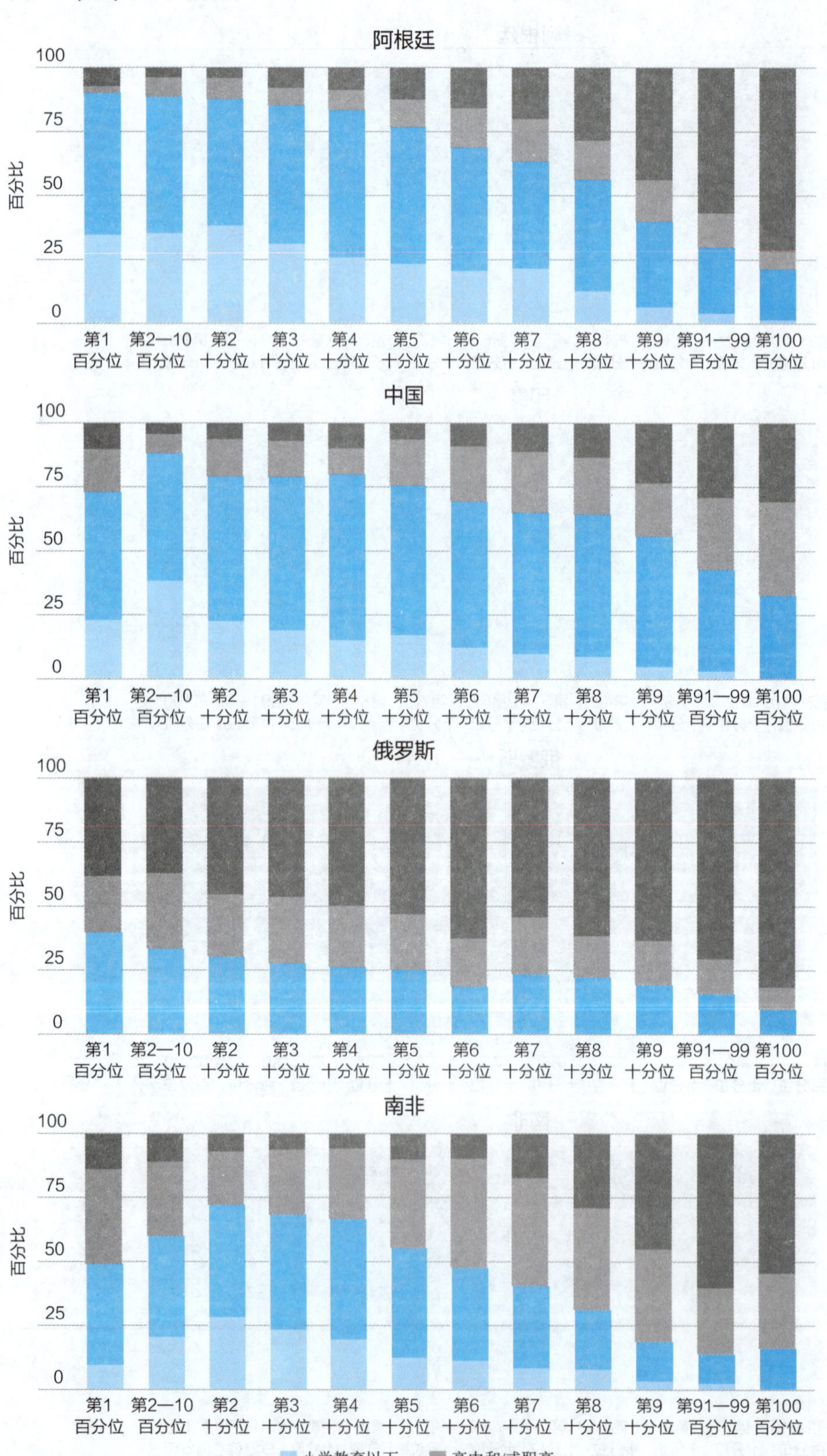

图 31（续）——职业

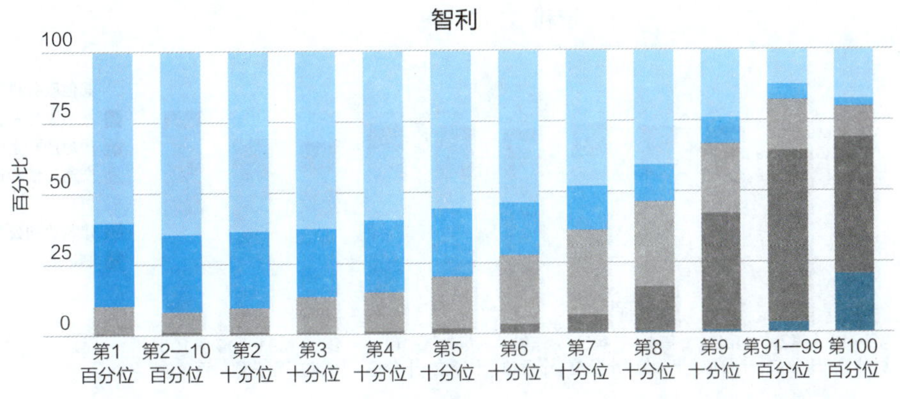

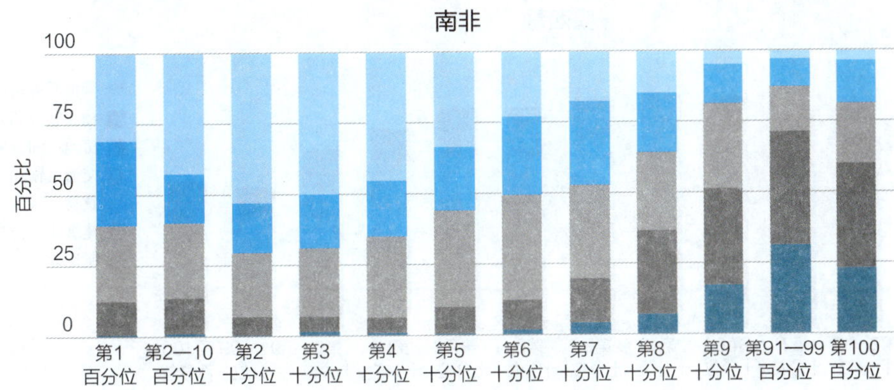

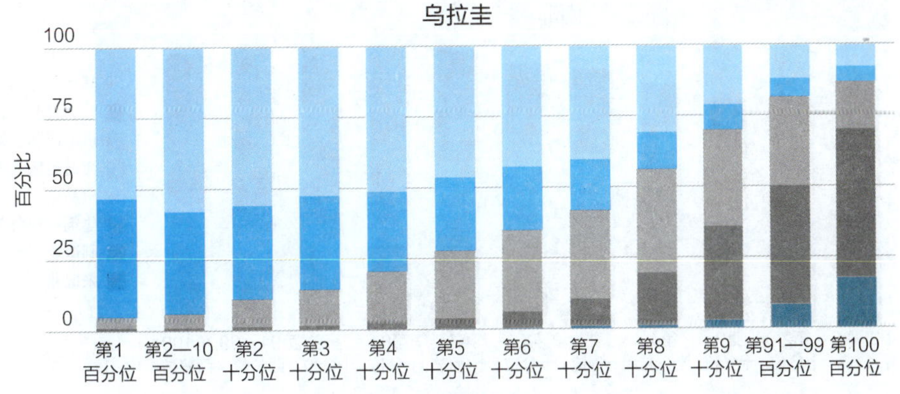

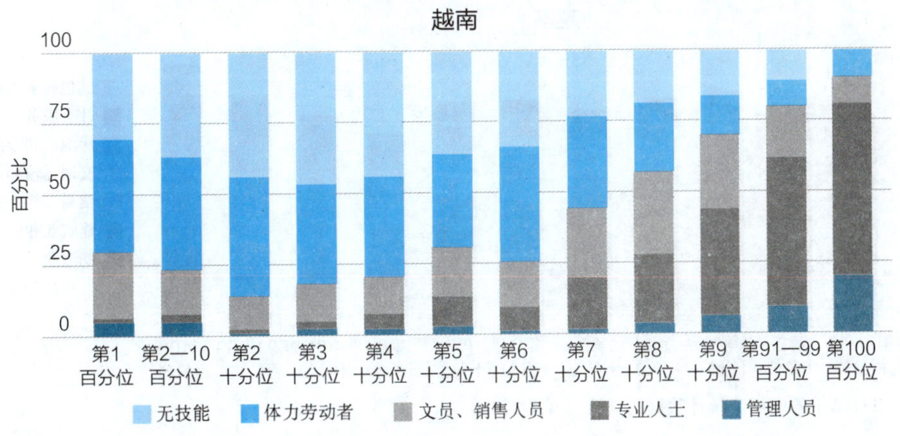

图 31（续）——经济部门

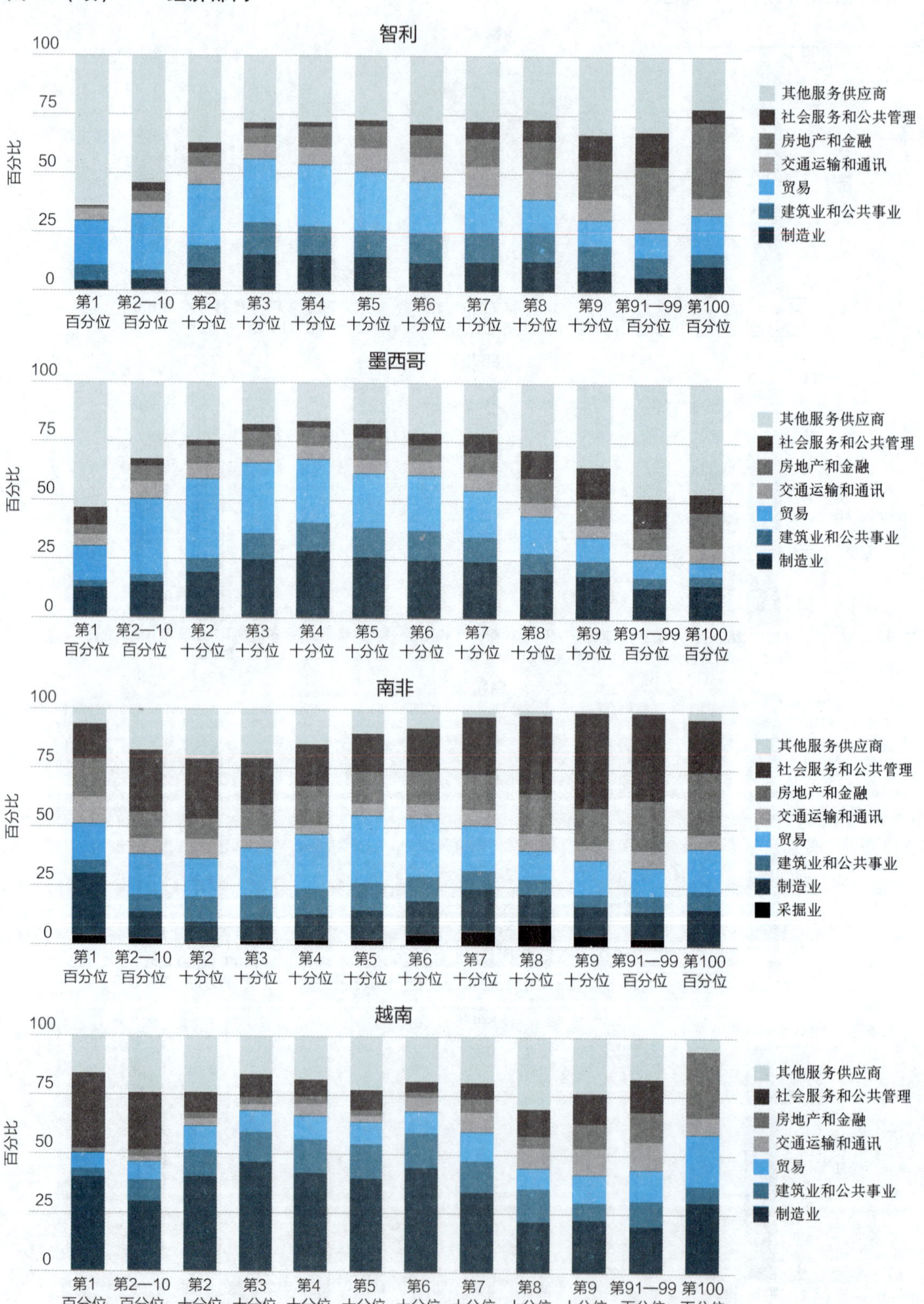

资料来源：ILO 基于各国国家统计数据的计算（见附录二）。

9.4　劳动者的特点如何在工资分配中相互作用?

图30和图31表明，工资不仅仅由教育水平、年龄或工龄等与个人技能有关的劳动者特点决定。此类劳动者特点在某些教科书中被描述为“生产性资本存量”，即劳动者将其“出租”给雇主以换取能够体现其生产性资本价值的工资（见Ehrenberg and Smith，2013，第5章）。这些图还表明，性别、企业规模、经济部门和合同类型等其他因素同样在工资分配中发挥着重要作用。不过，上述图表只分别呈现了单个因素与工资之间的关系。那么，在这些变量相互作用影响的模型中，我们会观察到怎样的结果？例如，在相邻百分位之间，劳动者的教育水平往往相近，但如果我们将教育水平与劳动者的工龄联系起来，教育水平的差距就会变得很明显，或许就能够解释为什么处在两个相邻百分位的劳动者存在着巨大的工资差异。

专栏6描述了我们所使用的模型和分析结果。该模型表明，年龄、教育水平和工龄等变量的确是决定个人工资水平的重要因素。但同时，分析结果也显示，个人实际工资与以上述三个变量为基础的模型的预测结果之间存在着巨大出入。事实上，该现象在工资分配中一直存在，只是在工资分配的两端尤为突出。在工资分配底端，模型所预测的工资明显高于实际工资。这意味着，如果仅从上述三个变量来考量，许多低工资收入者的实际工资远低于预测工资。相反，在工资分配顶端，许多劳动者的实际工资又明显高于预测工资。在整个工资分配中，存在着巨大的偏差或“不可预测性”。换句话说，该模型无法对实际工资分配做出精准预测。这一发现与目前的经济学研究结果相符，即不同行业、职业或企业类型中看似地位相同的劳动者之间存在着巨大的工资差异（Krueger and Summers，1988；Katz and Revenga，1989；Bound and Johnson，1992；Murphy and Welch，1992）。

专栏6　与技能相关的劳动者特点对工资的影响

为了对时薪进行解读，我们结合所观察到的年龄、教育水平和工龄等与技能相关的个体特点（同时将劳动者的每月工时作为变量）构建了一个工资模型。我们将年龄和工龄的平方值作为规范值，以观察企业内劳动者的年龄和资历增长对其工资所产生的积极但递减的作用。最后，我们得出 $\ln(w)=\alpha+X_i\beta+u_i$ 这一模型式子，其中矩阵 X 包括上述的七个变量以及教育类别与年龄、工龄和每月工时之间的交互作用项。* 我们分别对每个国家的模型进行估算，从而掌握各国所存在的特定效应。** $\ln(w)$ 代表工资的自然对数：这一转化项使因变量在图表中的分布正常化，从而使得数据的生成过程与通过普通最小二乘法进行估计所做的假设一致。

所有模型都将各国的个人工资与欧洲劳动者的总人数作为估值中的权重。该样本仅统计了拥有十名或以上员工的企业：这一门槛并不意味着微型企业中存在的工资不平等或工资决定机制不属于工资差异问题的讨论

专栏 6（续）

范畴，仅意味着该模型的数据收集过程仅限于此样本。模型运算后返还的估值包括：回归系数（$\hat{\alpha}$，$\hat{\beta}_{age}$，$\hat{\beta}_{age-square}$，$\hat{\beta}_{education}$，$\hat{\beta}_{tenure}$）、相互作用系数及年龄和工龄的平方数。回归系数的估值被用以预测时薪的预期值，即样本中 ln（w_i）的第 i 个个体的预测值。在以自然对数表示的情况下，该估值以 ln（$\hat{w}_i$）的形式表示；在以实际值表示的情况下，该估值以 $\hat{w}_i$ 的形式表示。

由于线性模型被普遍认为能准确反映出对数时薪分配的情况，这些变量的预测值的准确性可视同与规范值（即一组解释变量）一样高。为了考察数据吻合度，我们可对残差进行估计：$w_i - \hat{w}_i$，即在第 i 个个体中实际观察到的工资与他或她的工资预测值之间的差异。为了概括残差，我们按照总时薪高低对（各国内的）所有劳动者进行排序，并按百分位排列。在每个国家和每个百分位，我们都取所有残差的最大值、最小值和平均值。我们以百分位为横轴，在图中表示出上述三个估值的基于样本中 22 个国家的加权平均数。在图中，上述估值反映了时薪分布在每个百分位的残差值的变化。在图 32 中，图 A 以对数形式表示，而图 B 则以实际值表示。两者之间的区别是，在图 B 中，我们省略了第 100 百分位的值，因为加入该百分位后图 B 会产生视觉畸变。***

当残差为正数时，即 $w_i - \hat{w}_i > 0$ 时，就表明个人的工资水平超过了根据他或她的劳工市场特征所确定的规范值所预测的工资水平。反之亦然：当残差为负数时，即 $w_i - \hat{w}_i < 0$ 时，则表明如果个人的工资水平低于根据他或她的劳工市场特征所确定的规范值所预测的工资水平。

图 32 中的两个图中都显示出相同的模式，在此我们重点看看图 B。在不同的时薪分布百分位上都存在残差（最小值和最大值之间的垂直距离），越靠近底端，预测值与实际值之间的距离越小。因此，上至约第 60 百分位，实际工资与预测工资之间的平均值接近 0，达到模拟的加权最大值。这是因为，对工资分布左端（第 60 百分位及以下）的大多数劳动者而言，适用工资最小值的情况较少。在第 60 百分位之后，平均值（即每个百分位上的 $1/n\sum(w_i - \hat{w}_i)$）变为正值，同时越往曲线的前 1% 移动，该平均值就越大。这表明，在第 60 百分位之后，“平均”每位劳动者都获得了高于预期的工资水平（在他们劳动者特点的基础上）。从这一点起，最大值和平均值之间的距离开始扩大，因为低于平均工资水平——即其工资在其百分位上更接近于工资最小值——的劳动者的工资现在比位于较低百分位的劳动者的工资更高。需注意的是，在第 60 百分位上，尽管工资“最小值”仍为负数，但它已开始往正值方向移动。这意味着当曲线往时薪分布的较高百分位移动时，最小—最大值差将变为正值（而不是在负值和正值之间移动）。换句话说，在较高的百分位，个人（在他们劳动者特点的基础上）获得高于其预期的工资水平的可能性增加。在第 95 百分位，所有劳动者的时薪预测值都表明，他们的工资“过高”。

我们使用相同的方法对互相独立的劳动者子组进行了比较，这些子组的实际时薪理论上是相同的。子组按（a）性别、（b）工作强度和（c）合同种类加以分类。**** 比较结果如图 33 所示。

专栏 6（续）

图 32　欧洲国家时薪预测残差

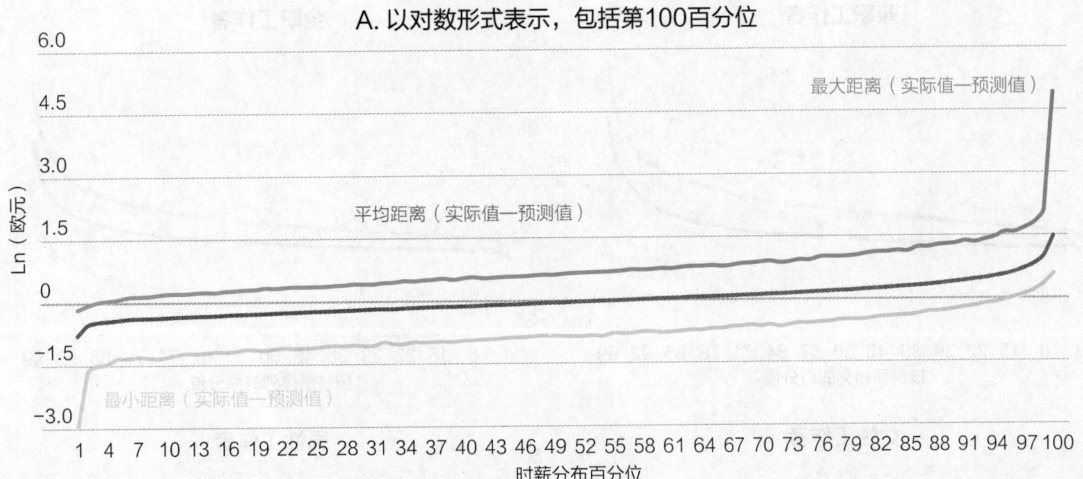

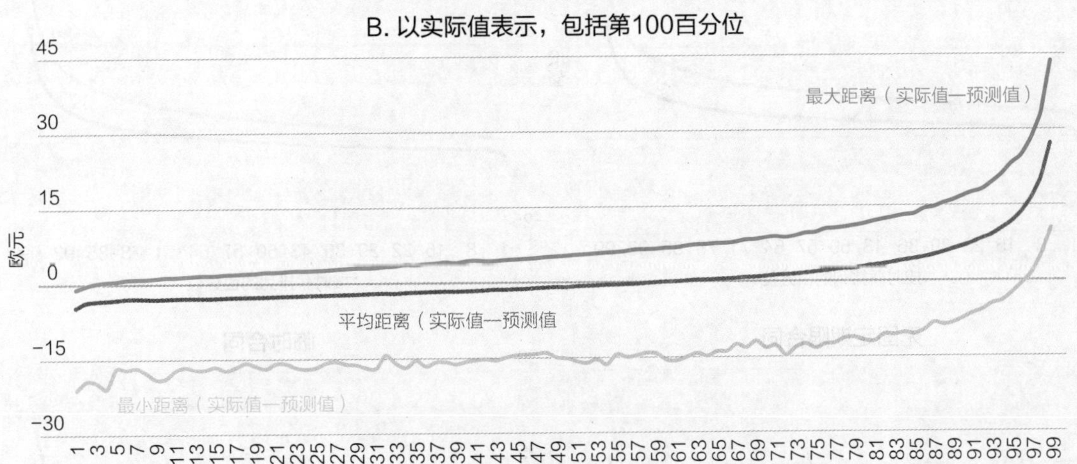

资料来源：ILO 基于“欧洲收入结构调查”数据库的计算。

性别曲线所反映的趋势与图 32 大致相同，但在任何给定的百分位，男性劳动者的残差平均值都高于女性；也就是说，在任何一个百分位，该模型对男性劳动者的解释效力都低于女性。这同时反映了一个事实，即平均而言，一直到第 58 个百分位，男性劳动者的工资都过低，而“工资过低”的女性则是到第 70 个百分位。在最高百分位，工资残差的正值范围在男性曲线中显得很大。例如，在第 100 百分位，男性和女性劳动者都处在工资过高的情况，但女性劳动者工资“过高”的幅度小于男性。

最后，我们应用上述方法得出了新兴和发展中国家的工资残差情况。我们发现，部分国家的工资残差值非常大（见图 34）。

专栏 6（续）

图 33　欧洲国家时薪预测残差，子组

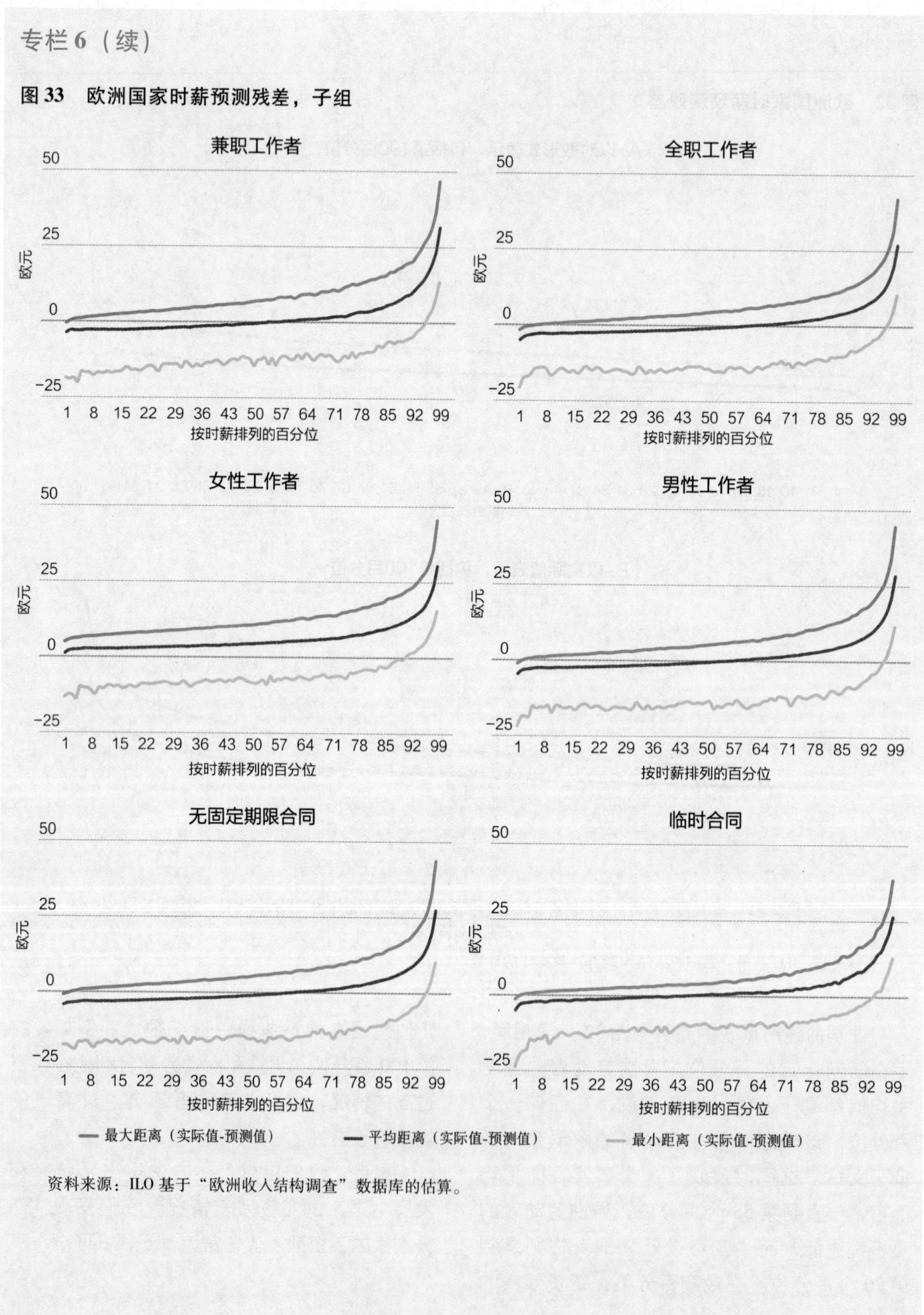

资料来源：ILO 基于“欧洲收入结构调查”数据库的估算。

图 34　新兴和低收入经济体的预测时薪残差

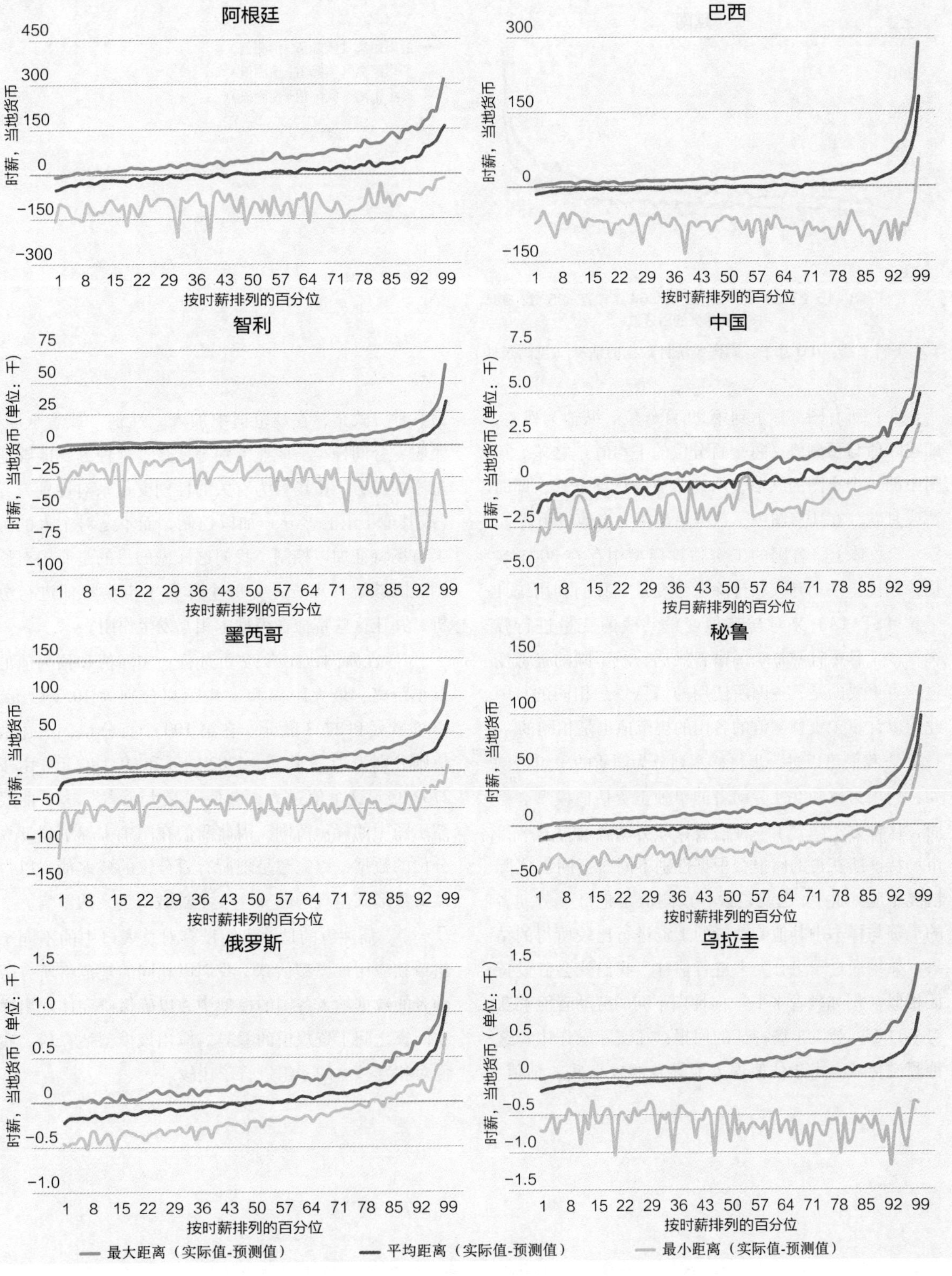

阿根廷
时薪，当地货币
450 300 150 0 −150 −300
1 8 15 22 29 36 43 50 57 64 71 78 85 92 99
按时薪排列的百分位

巴西
时薪，当地货币
300 150 0 −150
1 8 15 22 29 36 43 50 57 64 71 78 85 92 99
按时薪排列的百分位

智利
时薪，当地货币（单位：千）
75 50 25 0 −25 −50 −75 −100
1 8 15 22 29 36 43 50 57 64 71 78 85 92 99
按时薪排列的百分位

中国
月薪，当地货币（单位：千）
7.5 5.0 2.5 0 −2.5 −5.0
1 8 15 22 29 36 43 50 57 64 71 78 85 92 99
按月薪排列的百分位

墨西哥
时薪，当地货币
150 100 50 0 −50 −100 −150
1 8 15 22 29 36 43 50 57 64 71 78 85 92 99
按时薪排列的百分位

秘鲁
时薪，当地货币
150 100 50 0 −50
1 8 15 22 29 36 43 50 57 64 71 78 85 92 99
按时薪排列的百分位

俄罗斯
时薪，当地货币（单位：千）
1.5 1.0 0.5 0 −0.5 −1.0
1 8 15 22 29 36 43 50 57 64 71 78 85 92 99
按时薪排列的百分位

乌拉圭
时薪，当地货币（单位：千）
1.5 1.0 0.5 0 −0.5 −1.0 −1.5
1 8 15 22 29 36 43 50 57 64 71 78 85 92 99
按时薪排列的百分位

最大距离（实际值-预测值）　平均距离（实际值-预测值）　最小距离（实际值-预测值）

专栏 6（续）

图 34（续）

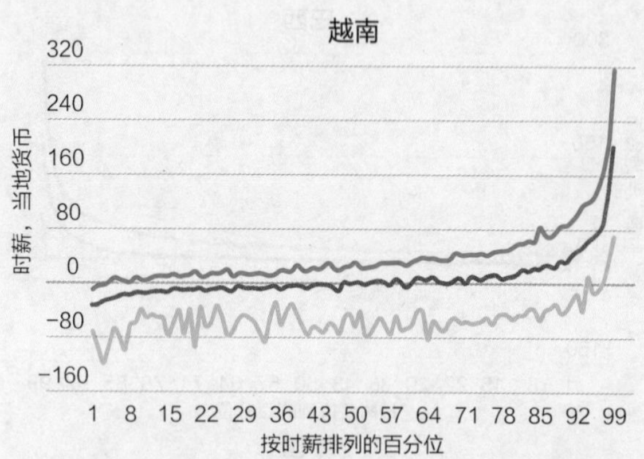

资料来源：ILO 基于各国国家统计数据的估算（见附录四）。

注：所有图都标示到第 99 百分位。纵轴为残差，即实际值与预测值（每个百分位的平均值）之差。该图中的每个小图的纵轴表示残差值的计算方式，即时薪或月薪。在所有图中，数据单位都为当地货币。

* 总体上，各国的工资估算模型中存在 30 个变量：相比于手动筛选和排除参考变量，我们利用统计工具（STATA）来对与其他变量共线的变量进行筛选。该工具可针对每个国家各挑选一组不同的参考变量。更重要的是，各国所使用的信息集是相同的，因此用以计算工资预测值的各国的规范值也是相同的。

** 我们可以进一步将样本划分为同质的子组，例如：列出男性和女性劳动者的单独工资估值模型。然而，这种方法隐含了一种假设，即劳动者通过其劳工市场特征所获得的回报会根据性别不同而不同（实际情况不应如此）。也就是说，预测值是将每个劳动者的工资与样本中其他劳动者的工资进行比较所得的结果。如果通过子组分类来进行估计，我们就会假设特征相似（例如教育水平）但性别不同的劳动者能够获得来自不同劳工市场特征的回报：在实际操作中，这种假设会减少由于估值误差而导致的较小残差估值。另一种方式是，在规范值中加入“性别”或者全职/兼职、合同种类、职业类别等变量；这种方式能够通过添加与劳工市场行为有关的性别变量来对性别差异（或其他子组的差异）加以控制，而不是对个人的劳工市场特征加以控制。我们这样做的目的是专门对原则上能够解释工资差异的个体劳工市场特征进行分析，并让这些特征在模型中相互发生作用。

*** 在欧洲，在第 99 百分位，实际值和预测值的最小距离、最大距离和平均距离分别为 10.3 欧元、43.5 欧元和 27.3 欧元。在第 100 个百分位，上述估值则分别为 21.8 欧元、2702 欧元和 69.1 欧元。由于 2702 欧元这个值过大，会使“最大距离”这一曲线超出图中的标示范围，因此我们在图中去掉了顶部百分位的数据，以完整呈现所有百分位的残差值。以自然对数形式呈现的图 A 不受上述数值过大的影响。

**** 需注意的是，我们没有对总人口中的不同子组单独应用该模型估算。我们以相同的规范将所有劳动者的数据纳入各国的模型中，以确保研究体现出样本国家之间工资规模的差异。应用该模型估算后，我们对相互独立的子组进行了比较。

10. 企业内部和企业之间的工资不平等现象

10.1　文献综述

由于用劳动技能特点解释大部分工资变动的传统学说被证明是失效的，于是人们开始关注工作场所对工资不平等造成的影响。在总体工资不平等现象中，有多少是由企业之间的工资不平等所致，又有多少是由企业内部的工资不平等所致？这些问题越来越为学术界所关注，新的数据结构使得研究人员能够将雇员这一因子从雇主对工资不平等扩大趋势的影响中独立出来进行讨论（如，Lentz and Mortensen，2010；Lazear，Shaw and Stanton，2016）。在20世纪头十年中后期，雇员—雇主匹配数据集的出现为研究人员提供了劳动者及其所在企业的相关数据。

上述这份文献的结论表明，工资不平等现象的产生不仅源于劳动者技能的差异，也源自企业之间的平均工资差异（也就是我们所说的企业之间的工资不平等）与企业内部的工资不平等。这两个因素在总体工资不平等中所占的相对比例依国家和阶段而异。例如，在美国，企业内部的工资不平等程度看似比企业之间的工资不平等程度更严重，然而最近的趋势却反映出，后者越来越成为总体工资不平等的主要原因。换句话说，工资不平等现象的加剧是由于企业内部工资不平等情况加剧所导致，同时在更大程度上这也加剧了企业之间工资不平等的程度。在美国的大型企业中，这两种工资不平等的程度都有所加深（Song et al.，2015）。在其他国家，这两个因素的相对权重则有所不同。例如：在巴西，企业之间的工资不平等程度较企业内部的工资不平等更严重，而1996年至2012年间总体工资不平等程度的减轻则主要由于企业之间工资不平等程度的降低（Alvarez et al.，2016；关于更全面的文献综述另见专栏7）。

工作场所的不平等如何导致工资不平等的加剧，关于这一问题，人们提出了基于各种因素的假说。其一为生产率差异说：高生产率企业能够负担起比其他企业高得多的工资水平。其二为分类说：企业的专业化越来越强，最优秀的劳动者总是被（某一区域内或某个经济部门内）最成功的企业所吸纳。此外，企业所需技能的极化也是对该现象的强有力的解释之一（Weil，2014）。在20世纪80年代末或90年代初之前，企业的劳动者——从看门人到生产工人、秘书、经理——通常都掌握着广泛的技能；然而，近二十年来（尤其是在最近几年间），越来越多的企业选择将部分职能和服务外包给分包商或特许经营商。企业发现，将从前由雇员负责的工作承包给独立供应商来完成更为方便，因此企业的雇员不再需要掌握广泛的技能，企业开始雇用越来越多的高技能劳动者，并大大减少了企业内低技能工人的数量。因此，低技能工人只能选择在低工资收入部门中实现就业，而后者现已成为专门提供外包商品和服务的供应商；与此同时，购买上述外包服务的企业则往往为雇员支付比提供综合技能服务的企业更高的工资。

关于造成企业内部工资不平等程度日益扩大的原因，存在两大重要因素，其一是大型企业中低技能工人工资水平的下降（Song etal.，2015），其二是管理人员、CEO 及高技能劳动者工资水平的增长，而后者的工资增长幅度比他们的同事要大得多（见 Piketty，2014；Sabadish and Mishel，2012）。Piketty（2014）和 Sabadish、Mishel（2012）对最新的、能够反映企业高管薪酬的历史趋势的数据——尤其是美国和英国的数据——进行了研究。据他们估计，工资不平等现象的主要驱动因素是 CEO 的收入和薪酬的增长。在某些亚洲国家，收入不平等的扩大也与这一因素有关。例如，股票期权的奖励方式在日本越来越受欢迎（Nikkei Asian Review，2016）。与此同时，韩国的企业文化也逐渐开始推崇对高层管理人员进行奖励，这更像是典型的美国企业的作风（Ehrlich and Kang，2001）。在南非，企业同样非常重视对管理人员工资的倾斜（Massie，Collier and Crotty，2014）。

专栏 7　文献综述：企业内部和企业之间的工资不平等现象

近年来，个体劳动者所处的工作场所对其工资收入的影响受到学界越来越多的重视。更多人将工作场所视作导致工资不平等的决定性因素，这主要是因为传统工资模型对大部分的工资不平等现象缺乏充分的解释力（Mincer，1974；Heckman，Lochner and Todd，2003）。Krueger 和 Summers（1988）对传统的工资制定范式发起了挑战。他们的研究表明，在美国不同经济部门中，看似职位相近的劳动者之间实际上存在着很大的工资差距；对许多其他国家的研究也得出了类似的结论。此外，相同经济部门中劳动者之间存在的巨大工资差距也无法通过传统理论来解释。为了解释上述的工资差距，最近的一系列研究开始转而考察企业之间和企业（公司或其他机构）内部的收入不平等。该分析将工资总方差（以对数形式表示）分解为两部分：一是企业之间的劳动者的平均收入离差；二是建立在企业间工资差条件下的企业内部的劳动者收入离差。

Alvarez 等人（2016）在研究巴西正规劳动力市场中企业之间和企业内部的工资不平等现象时应用了上述方差分解的方法。研究发现，在 1996 年巴西的正规经济部门中，近三分之二的工资总离差都来自于企业之间的平均工资差异，即上述第一个分解部分。相反，工资总离差的三分之一来自于企业内部的工资差异，即上述第二个分解部分。此外，研究还表明，1996 年至 2012 年间巴西企业工资不平等程度减轻的主要原因是企业之间的工资差异性缩小，而企业内部工资不平等程度减轻的贡献则较小。在 Helpman、Muendler 和 Redding（2015）的研究中，1986 年至 1995 年间巴西工资不平等现象的加剧主要也是由企业之间工资差异性扩大所致。

Song 等人（2015）的研究显示，美国的情况与巴西正好相反，在 1978 年至 2013 年期间，美国企业内部的工资差异大于企业之间的工资差异。然而，通过观察不同时期的工资差异变化，他们发现三分之二的总体工资不平等是由企业间工资不平等程度加剧而致，另外三分之一则是由企业内部工资不平等程度加剧所致。然而，在员工总数超过 10000 人的“大型企业”，企业之间的工资不平等与企业内部的工资不平等现象都更为明显，并且

专栏7（续）

两者的不平等程度大致相等。研究还将劳动者隔离现象的增多归为企业之间平均工资不平等程度加深的原因之一，一方面高技能劳动者集聚在一部分企业内，而另一方面低技能劳动者则集聚在另一部分企业内。Barth 等人（2016）采用单独的数据集进行研究并指出，在20世纪70年代至21世纪初，美国工资不平等现象加剧在很大程度上是由于企业之间工资差距的日益扩大导致的。

上述研究得出了一个共同的结论，即劳动者的工作场所可能是决定其工资的重要因素之一，而企业工资分配的变化则可用以解释近几十年来整体工资不平等的大部分变化情况。

解读企业工资差异的主要挑战是如何将确实的企业特定工资溢价和深层次的个体差异性加以区分。部分企业的员工比其他企业员工的工资更高这一现象可能源自两方面的基本差异：一是同一劳动者在不同企业工作可能存在着巨大的工资差距，反映出企业之间的工资差异或企业工资差异性；二是即使在同一家企业工作，不同劳动者的工资也可能不同，反映出个人之间的工资差异或个体工资差异性。

在对工资分配加以考察时，往往会发现上述两种类型的差异性，即企业工资差异性和劳动者工资差异性。事实上，两种差异性在横截面数据（cross－sectional data）上难以区分。为了区分深层次的企业工资差异和个体工资差异，Abowd、Kramarz 和 Margolis（以下简称 AKM）在1999年所做的研究建议在不同企业的纵向数据中追踪劳动者的工资情况。虽然他们最初的研究对象是法国的劳动力市场，然而这种将跨行业的总体工资不平等分为企业和劳动者两部分的分类方式已被应用至对世界各地劳动力市场的研究中。此后的研究包括：Andrews 等人（2008），Card、Heining 和 Kline（2013）对德国的研究；Iranzo、Schivardi 和 Tosetti（2008）对意大利的研究；Card 等（2016）对葡萄牙的研究；LopesdeMelo（2015）和 Alvarez 等人（2016）对巴西的研究；Bonhomme、Lamadon 和 Manresa（2015）对瑞典的研究；以及 Abowd、Finer 和 Kramarz（1999），Abowd、Creecy 和 Kramarz（2002），Woodcock（2011），Sorkin（2015）和 Song 等人（2015）对美国的研究。

尽管上述研究在关键的研究方法上有所不同，但他们的结论基本都认为，跨行业的总体工资不平等的50%是源于个体工资差异性，20%源于企业工资差异性，二者的整体解释力（R^2）为85%。然而，Card、Heining 和 Kline（2013），Alvarez 等人（2016）和 Song 等人（2015年）则将近年来整体工资不平等的变化部分归因于 AKM 框架下企业工资差异性的变化。因此，他们的这些研究广泛引用了上述文献中的内容，突出强调了此前研究中企业之间和企业内部工资不平等的程度和变化趋势。

在对 AKM 的研究进行跟踪调查时，重要的是考虑有哪些深层次的因素导致了企业之间的工资差异和个体之间的工资差异。为解答该问题，Alvarez 等人（2016）研究发现，接近60%的企业工资差异性与劳动生产率（以企业层面每位劳动者创造的增加值作为衡量标准）的差异有关。Barth、Moene 和 Willumsen（2014）的研究也发现，美国企业层面的劳动者收入与企业之间的工资差异存在着重要联系，尽管该研究的解释力较弱。在劳动者方面，Alvarez 等人（2016）的研究发现，劳动者的技能和工资之间存在着一定的相关性。然而，生产率和工资之间相关性的持续弱化导致了史上最大的个体工资差异和企业工资差异。

资料来源：Christian Moser，哥伦比亚大学。

10.2 企业之间的平均工资比较

企业之间的工资不平等情况究竟有多严重？接下来，我们将通过比较各企业的平均工资来解答该问题。由于我们分析的主要对象是企业而非个人，因此也需要相应的企业层面的数据。对于发达经济体，我们继续采用欧盟统计局的包含欧洲 22 个国家的“欧洲收入结构调查”数据。如上所述，“欧洲收入结构调查”是一项雇主—雇员调查，它的调查结果不仅包括企业的产出信息（如企业的平均工资），还包括在这些企业工作的个人的详细信息，这也是在后续章节中我们所将使用的数据的一个共同特征。由于无法获取来自世界其他地区的国家的此类雇主—雇员调查数据，我们只能通过经典的企业层面的调查（见附录四）来提供对这些地区的估算数据。

在图 35 中，不同于前文按照工资对个体劳动者进行排列的做法，我们选择按照平均工资的高低，将企业划分为十组（或 10 个百分位），并在图中标示出每组企业的平均工资。我们特意标示出了第一个百分位和最后一个百分位（或 1%）的企业工资情况。例如，我们发现，2010 年欧洲那些位于后 1% 的企业的平均时薪为 5.1 欧元，而前 1% 的企业平均时薪为 58.8 欧元，位于中间的企业的平均时薪则为约 12 欧元。图 36 中的国家工资分布显示，各国之间的工资不平等程度存在很大差异，英国企业之间的工资不平等程度相对较高，法国、匈牙利、卢森堡和西班牙的工资不平等程度居中，而挪威的企业之间的工资不平等程度则相对较低。

图 35　2002 年、2006 年和 2010 年欧洲的企业之间的工资不平等情况

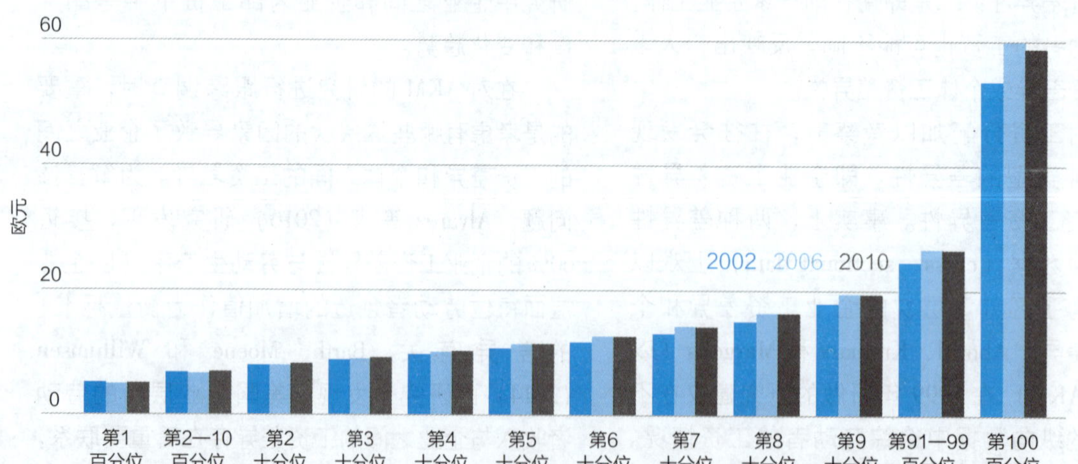

注：该图包括以下国家：比利时、保加利亚、塞浦路斯、捷克、爱沙尼亚、芬兰、法国、希腊、匈牙利、意大利、拉脱维亚、立陶宛、卢森堡、荷兰、挪威、波兰、葡萄牙、罗马尼亚、斯洛伐克、西班牙和英国。“时薪”指的是每小时工资总额，包括合同工资、加班费、奖金和福利。估值以 2010 年为基准年，以欧元的实际价值为单位。有关该数据的其他信息，请参见附录四。

资料来源：ILO 基于欧盟统计局“欧洲收入结构调查”数据库中 22 个经济体的加权平均数的估算，其中频率权重是根据数据库中各国的行业层面的企业数据来计算的；数据来源为经合组织的统计数据。

图 36　2010 年部分欧洲国家的企业层面的相对工资分布情况

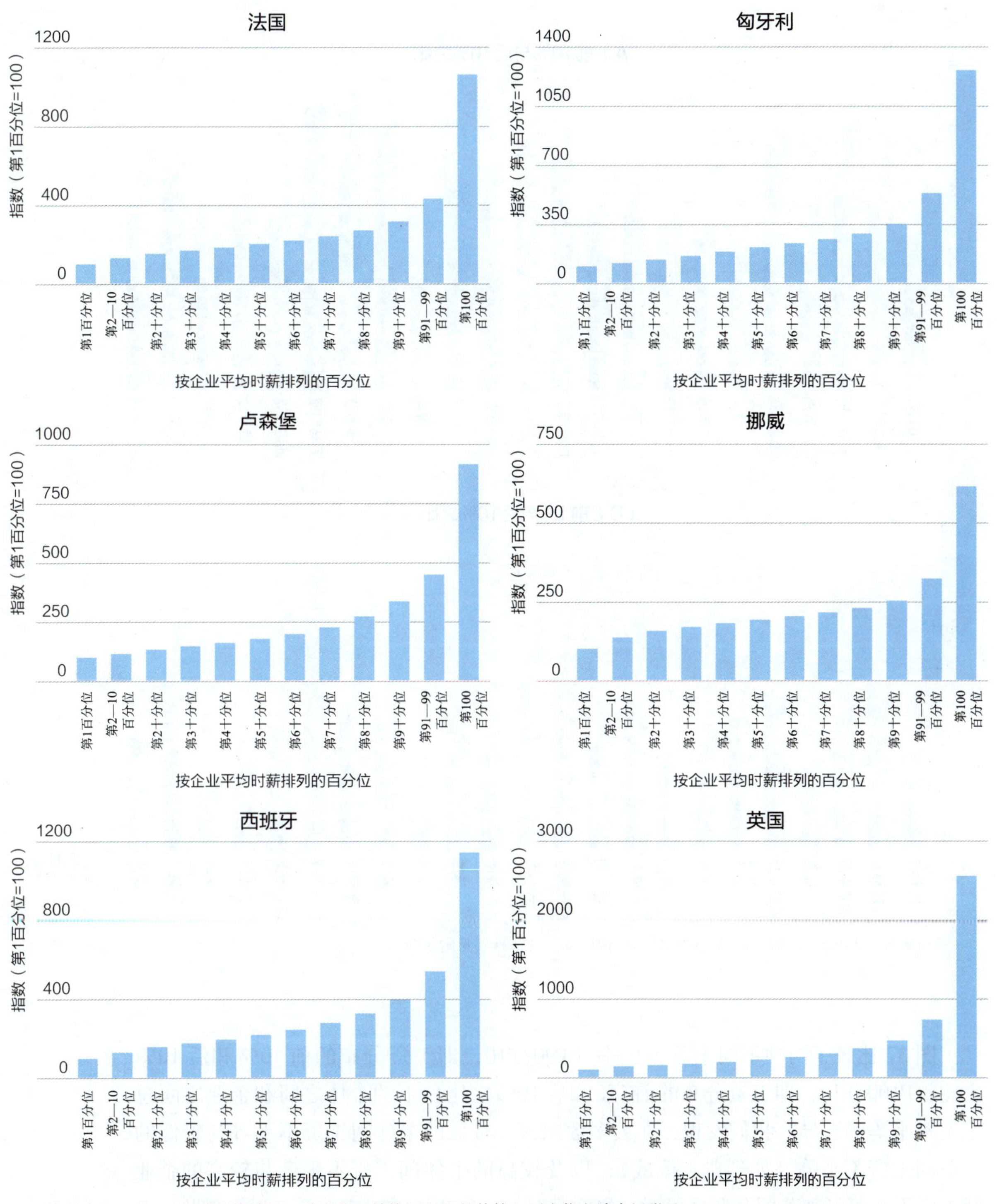

资料来源：ILO 基于欧盟统计局“欧洲收入结构调查”的估算。更多信息请参阅附录四。

图 37 2010 年部分欧洲国家个体之间与企业之间的工资不平等情况：P90/P10 和 P100/P10 比率

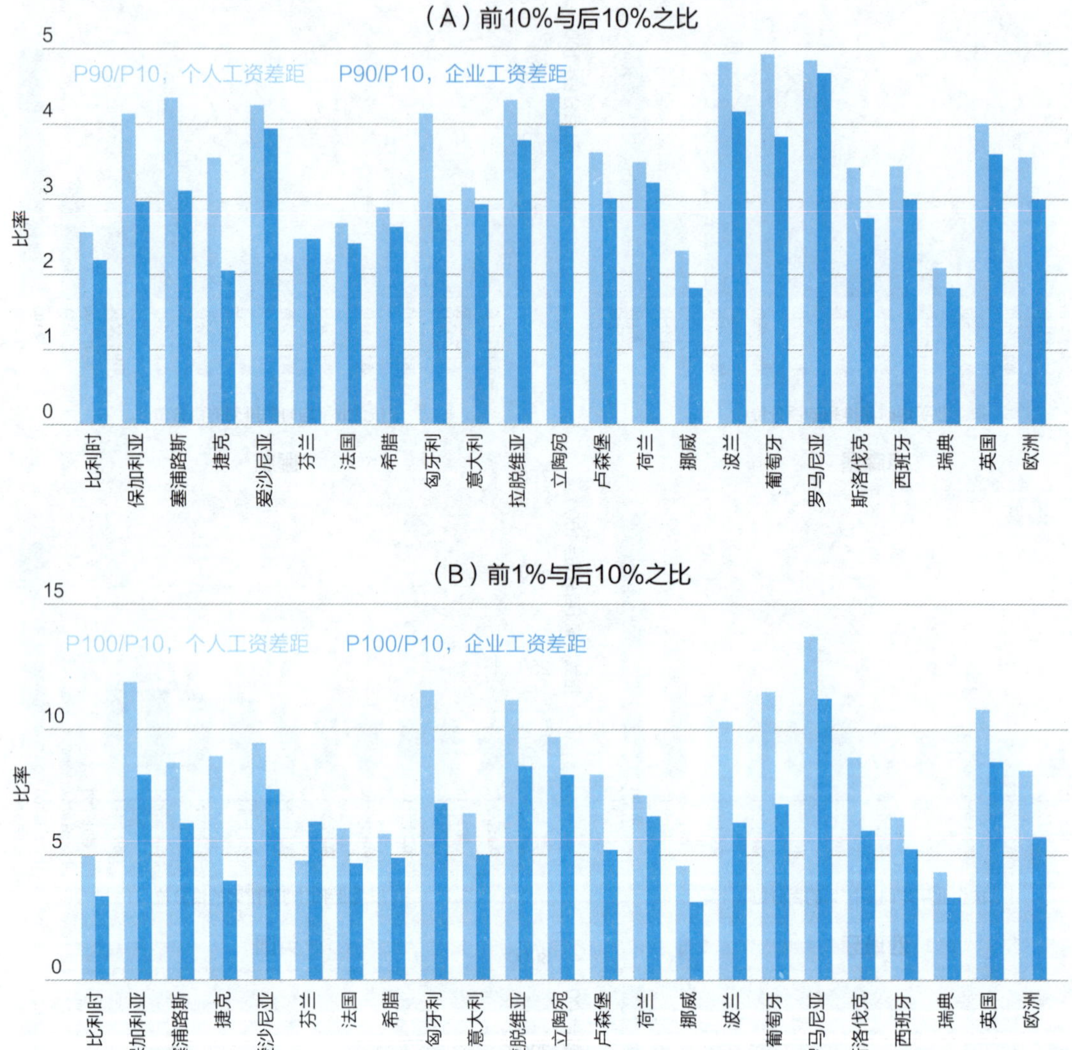

资料来源：ILO 基于欧盟统计局“欧洲收入结构调查”的估算（见附录四）。

图 37 比较了两种不同十分位比率（P90/P10，即工资分布的前 10% 和后 10% 之比；P100/P10，即工资分布的前 1% 和后 10% 之比）下的个体之间和企业之间总工资不平等的差异。我们发现，在大多数国家，较低的个体间工资不平等与较低的企业间工资不平等（如瑞典和挪威），以及较高的个体间工资不平等与较高的企业间工资不平等（如英国和罗马尼亚）之间都存在一定程度的对应关系。尽管如此，在某些国家，上述两者间的工资不平等存在巨大差异（如，在捷克和葡萄牙，个体间的工资不平等程度远大于企业间的工资不平等程度）。我们还发现，当把前 1% 与后 10% 进行比较时，个体间的工资不平等程度远远超过了企业间的工资不平等程度。

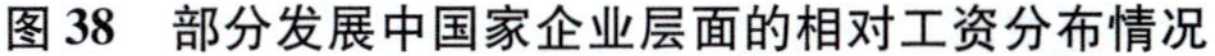

图 38　部分发展中国家企业层面的相对工资分布情况

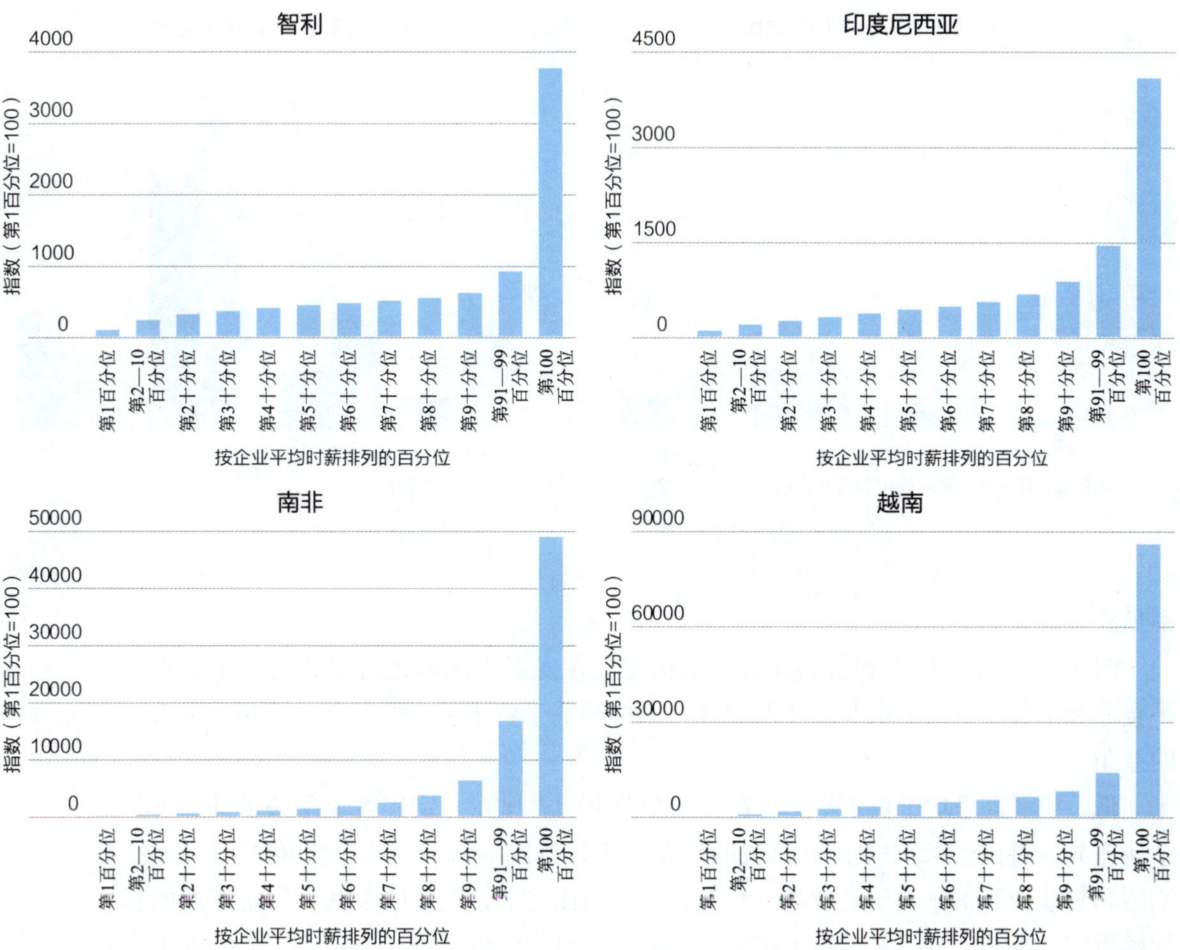

注：指数的基数 100 = 第 1 百分位。越南和印度尼西亚的工资估值以月薪为单位，而智利和南非的工资估值则以时薪为单位。部分国家基于时薪，而其他部分国家则基于全职工作的同等收入。其中，南非的工资数据只涵盖了部分非正规企业。

资料来源：ILO 基于附录四中最近年份的部分企业调查结果的估算。

图 38 和图 39 中的四个发展中国家的数据显示，这些国家企业间的工资不平等程度似乎比发达国家更严重。在发达国家，位于前 10% 的企业的平均工资往往比位于后 10% 的企业高 2—5 倍，而在发展中和新兴国家，该比例从 2 倍（智利）到 8 倍（越南），甚至高达 12 倍（南非）。

图 40 展示了企业间平均工资不平等情况的另一种观测方式（以欧洲国家为例）。图中的圆圈代表着不同工资水平的企业分布情况，其中“低”工资企业的平均工资低于工资中位数的 60%，而“高”工资企业的平均工资则高于工资中位数的 140%。在该图所示的样本国家中，挪威中等工资水平企业的比例最高（90%），英国的该比例最低（61%），然而英国的高工资水平企业和低工资水平企业都比挪威要多，相比之下挪威的低工资水平企业的数量极少。匈牙利的低工资水平企业比

图 39　部分发展中国家个体之间和企业之间的工资不平等情况

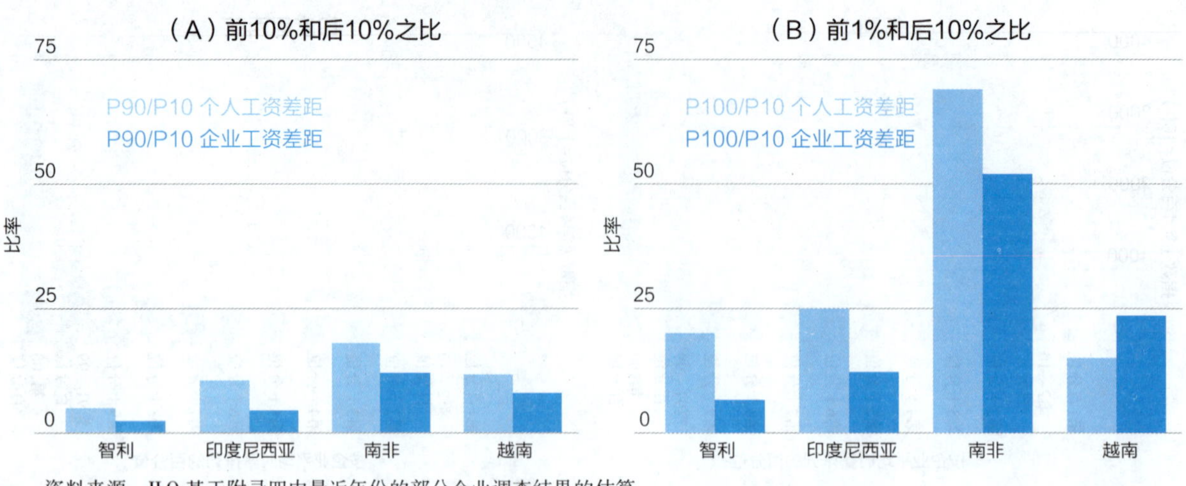

资料来源：ILO 基于附录四中最近年份的部分企业调查结果的估算。

率最高（20%）。

图 41 反映了发展中和新兴经济体的情况。在发展中国家，占多数的低工资水平企业和中等工资水平企业以及占 25%—40% 的高工资水平企业间存在着相对更大的差距。

低、中、高平均工资水平企业在各国企业中的占比在一定程度上反映了其工资结构差异。对比图 42 中英国和挪威的情况可见，挪威的低工资水平经济部门（如酒店和餐饮业）的平均工资较高、雇员较少；相比之下，英国的金融和房地产业的规模更大，平均工资更是远高于该国其他绝大多数的经济部门。低、中、高平均工资水平企业的占比也反映出各国经济发展所处阶段的不同。如图 42 所示，越南有近半数的劳动者从事制造业相关工作，其平均工资也相对较低（低于平均水平）。

10.3　企业内部的工资差异和企业之间的工资差异

与企业间的工资不平等相比，企业内部的工资不平等情况有多严重？近年来，由于“雇员—雇主匹配”（MEE）数据集的出现，我们能够对企业内部的工资结构进行研究。[13] 直到最近，大部分相关数据集仍停留在收集企业“平均产出”的层面：发放调查问卷，让企业的会计提供有关企业平均工资、平均员工数量或平均营业额的信息。然而，企业层面的平均数据无法提供企业内工资分配的具体信息。雇主—雇主匹配数据集所提供的数据则使对企业内工资结构的实证调查成为可能，并可将工资结构与企业的其他特征相关联。当该数据集提供了全国范围内的企业代表性样本时，我们便可利用这些数据来实证估算企业内部和企业之间的工资不平等占在给定经济体中观察到的总体工资不平等的相对比例。

图 40　2010 年部分欧洲国家及整个欧洲地区的高、中、低工资水平企业的占比情况

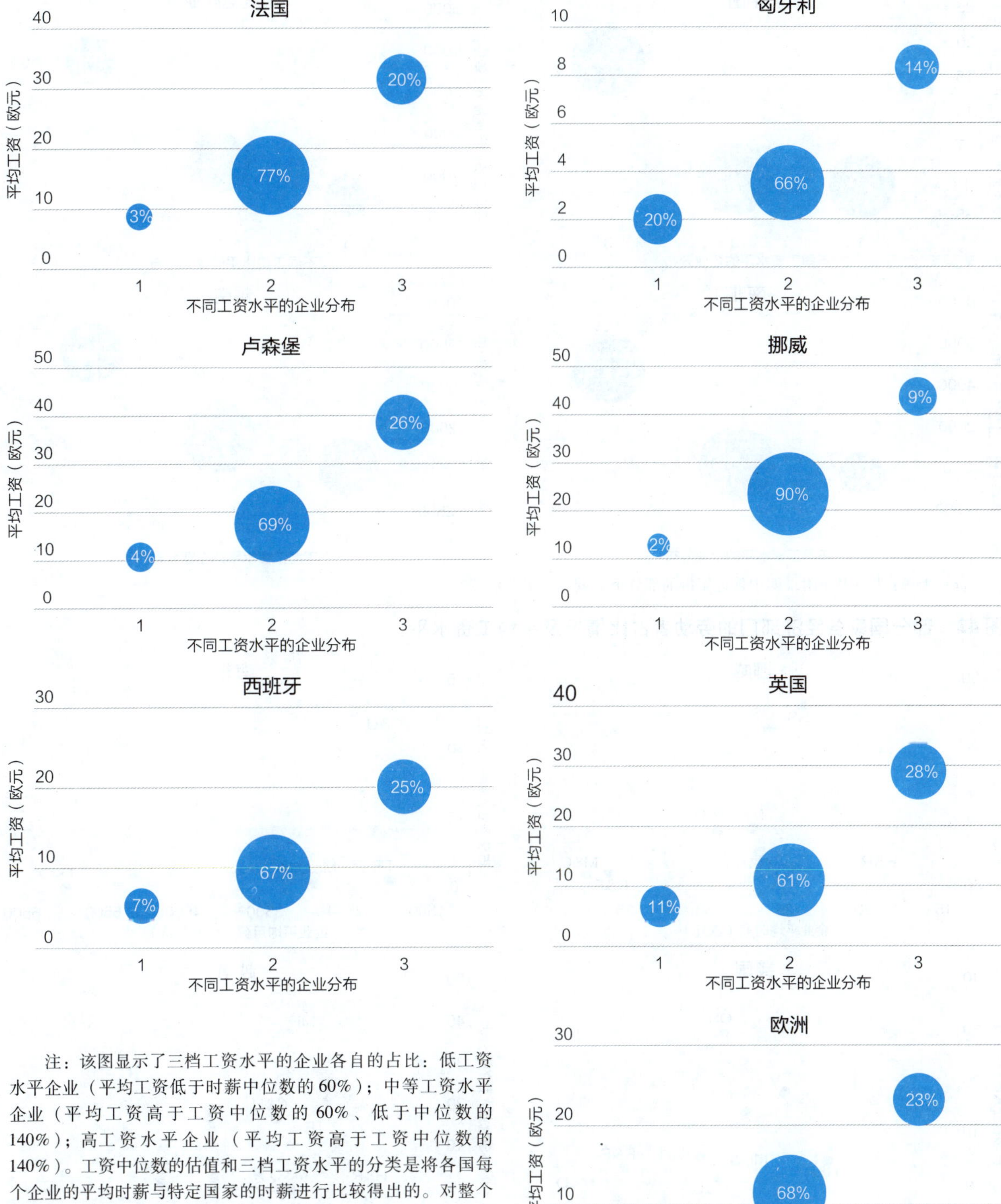

注：该图显示了三档工资水平的企业各自的占比：低工资水平企业（平均工资低于时薪中位数的 60%）；中等工资水平企业（平均工资高于工资中位数的 60%、低于中位数的 140%）；高工资水平企业（平均工资高于工资中位数的 140%）。工资中位数的估值和三档工资水平的分类是将各国每个企业的平均时薪与特定国家的时薪进行比较得出的。对整个欧洲地区的估算显示了所有 22 个经济体的加权平均值，将这 22 个欧洲经济体的个体和企业的相对数量考虑在内。

资料来源：基于“欧洲收入结构调查”中 22 个经济体所有企业的加权平均的估算（详见附录四）。

图 41 近几年部分发展中和新兴国家的高、中、低工资水平企业的占比情况

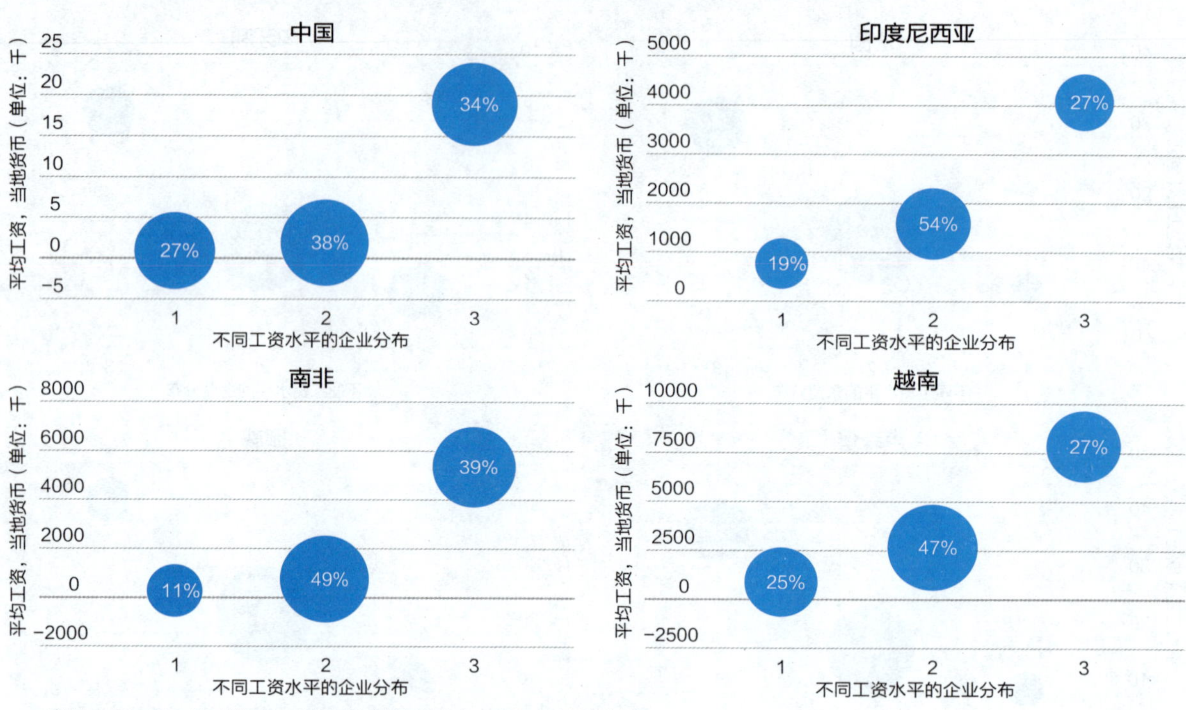

资料来源：ILO 基于附录四中最近年份的部分企业调查结果的估算。

图 42 部分国家各经济部门的劳动者占比情况及平均工资水平

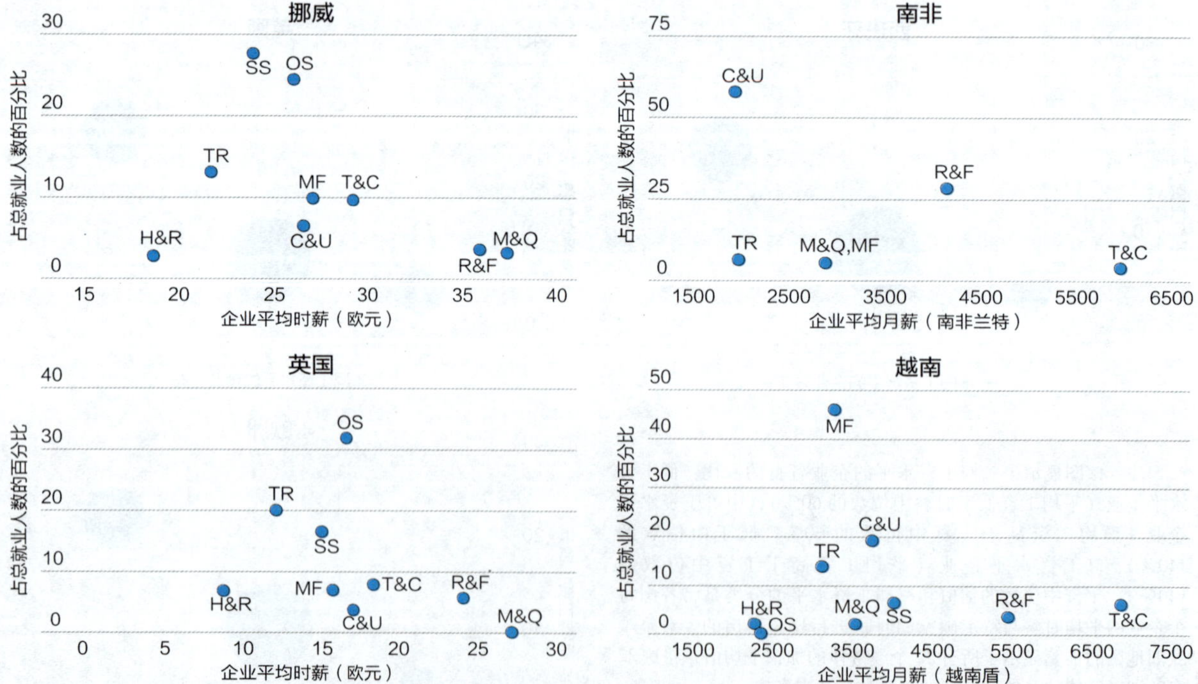

注：M&Q = 采掘业；MF = 制造业；C&U = 建筑和公共事业；TR = 贸易；H&R = 酒店和餐饮业；T&C = 交通运输和通讯业；R&F = 房地产和金融业；SS = 社会服务和公共管理；OS = 其他部门。

资料来源：ILO 的估算。挪威和英国的数据来自欧盟统计局“欧洲收入结构调查”数据库，越南和南非的数据来自企业调查数据（见附录四的有关数据来源及更多信息）。

尽管上述分析方式对发达经济体和新兴经济体同样适用，但实际情况中后者的可用数据少之又少。因此，我们采用欧盟统计局的包含 22 个欧洲国家的“欧洲收入结构调查”数据进行分析，即我们在本报告的第二部分中所用的数据。

最低和最高工资

在图 43 中，我们将企业分为 100 组（百分位），并将它们按照总平均时薪的高低升序排列。我们还添加了这 100 组企业中个人的平均最高和最低工资。[14]图 43 的中线（企业平均时薪）为判断企业间的工资差异提供了衡量标准，而最高个人工资和最低个人工资这两条线之间的垂直差则反映了企业内部的工资差异。

通过比较最高和最低个人工资，可了解企业内部的工资不平等程度，尤其是在那些平均工资水平较高的企业。例如，在平均工资最低的百分位段，企业支付的工资从 5 欧元/小时至 7 欧元/小时不等，而在最高百分位段，企业支付的工资则为 20 欧元/小时至 126 欧元/小时。在第 50 百分位，平均工资则位于 8 欧元/小时到 20 欧元/小时之间。以上观察结果并不意味着在平均工资水平较低的企业中不存在高薪劳动者，但总的来说，企业的平均工资水平越高，企业内部的工资不平等程度就越严重。图 43 还显示，越趋向工资曲线的顶端，最低和最高个人工资之间的差距就越大：例如，在第 95 百分位，企业支付的工资在 13 欧元到 47 欧元之间（后者是

图 43　2010 年企业平均时薪、最低和最高个人平均工资曲线

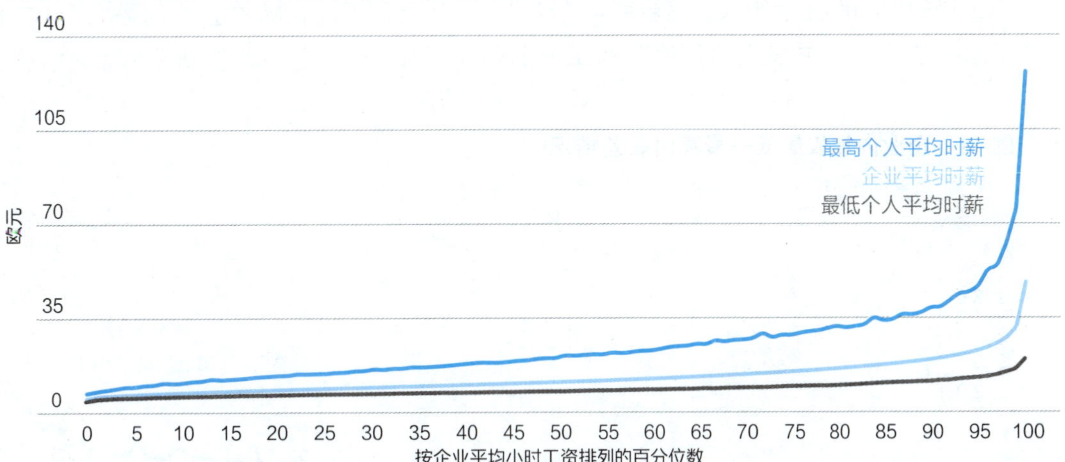

注：中线为企业平均时薪，其估算方式如下：分别对每个国家进行估算，再根据各国在欧洲企业人数中的权重来衡量这 22 个国家的估值。“最低个人平均时薪”的估算方式如下：先从样本中抽取各个企业所支付的最低时薪，再在不同国家的基础上取各百分位上这些最低值的平均值，然后对这 22 国平均值的加权平均值进行估算，从而得出各百分位的欧洲最低平均工资。“最高个人平均时薪”的估算方式之类似，是通过各个企业所支付的最高工资来计算的。2010 年的“欧洲收入结构调查”中包含了约 47 万家企业的数据。

资料来源：ILO 基于“欧洲收入结构调查”数据库的估算。

前者的 3.6 倍）；而在第 99 百分位，企业支付的工资则在 16 欧元到 75 欧元之间（4.7 倍）；在最高百分位段，企业所支付的工资在 20 欧元到 126 欧元之间（6.3 倍）。关于工资不平等程度在平均工资水平更高的企业中更加严重、平均工资水平较高的企业并不向其所有雇员支付高工资这一现象，我们将在专栏 8 中做进一步的讨论和解释。

专栏 8　各百分位企业的工资不平等情况

本专栏的两个附表对图 43 进行补充，以说明按平均工资升序排列下，各百分位企业的工资不平等情况。图 44 显示了每个百分位的最低工资与最高工资之差在该百分位企业平均工资中的占比。在低工资水平企业中，最低与最高工资之差在平均工资中的所占比例相对平衡，但在第 5 百分位以上的企业中，最高工资和平均工资之间的差距开始“飙升”。从第 5 百分位起，相比最高工资，平均工资更接近于最低工资；这一情况体现在图中为：最低—最高工资之差与平均工资的比值离 0.5 的基准值越来越远。加权最低—最高工资之差随着企业平均工资的增加而逐步扩大。这表明，“较高工资水平的企业”并没有为所有的雇员支付较高的工资。事实上，在平均工资较高的企业中，由于在具体工资分配中的巨大的长尾效应，员工之间往往存在更大的工资差距。

图 45 是基于标准差的企业平均工资情况，标准差能较好反映企业层面的工资差距。它显示了各百分位平均值上的企业具体时薪标准差：我们单独对各个企业的标准差进行估算，再取各百分位段这些标准差的平均值。* 图 45 显示，随着企业平均工资水平的提高，工资的变动也随之增加；例如，在第 10、第 50、第 90 和第 100 百分位，平均标准差分别为 1.3 欧元、3.2 欧元、7.2 欧元和 31.2 欧元。因此，随着企业时薪分配的平均值的增加，工资的平均变动性也随之增加。

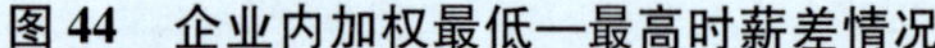

图 44　企业内加权最低—最高时薪差情况

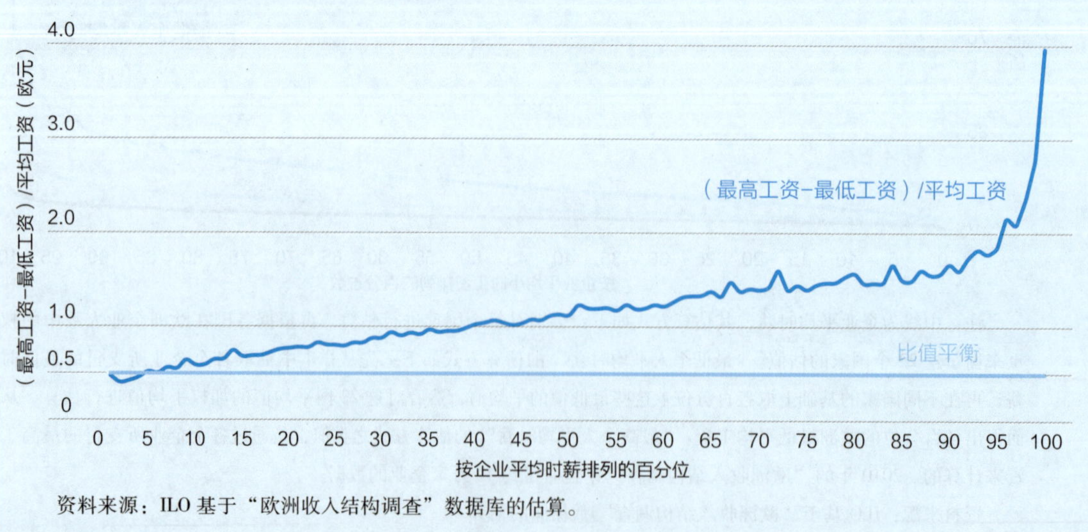

资料来源：ILO 基于“欧洲收入结构调查”数据库的估算。

专栏 8（续）

图 45　企业内平均工资情况及标准差

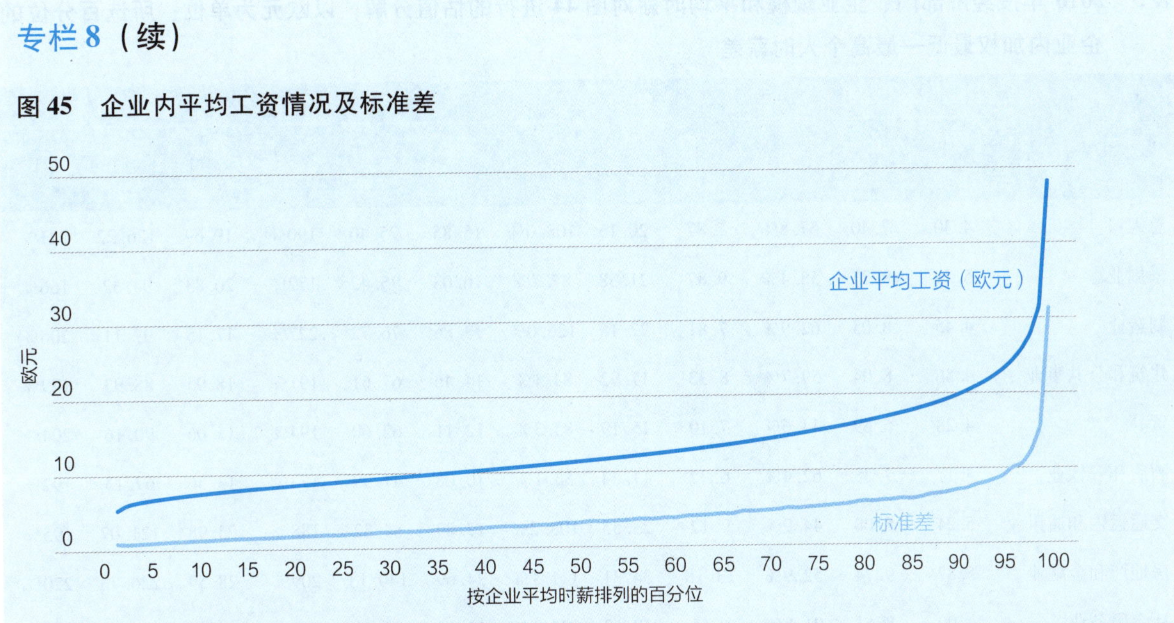

资料来源：ILO 基于“欧洲收入结构调查”数据库的估算。

* 在对企业层面工资的离散情况（如工资差异或相应的标准差）进行估算时，我们仅考虑样本中提供了至少两个数据点的企业。平均来说，每个企业约提供了 18 个数据点，按权重进行随机抽样所得到的任何给定国家及欧洲（以可获得数据的 22 个经济体为代表）的企业样本，其分布具有代表性。弃用少于 2 个样本点的企业数据意味着 2010 年数据的利用率减少了 10%。然而，弃用这些企业数据并不影响国家层面的原始数据情况，对图 43 及之后图表中的数字估值的影响更可以忽略不计。之后的所有估算都基于上述样本选择标准，以使估值具有可比性。

前文已强调过，企业内部的工资不平等可能随经济部门和企业规模的不同而不同。其中，企业规模是根据职工人数规模来定义的，而经济部门则可能因劳动生产率的不同而出现差异。在较大的企业中，低技能劳动者的工资溢价下降与企业管理人员、CEO 和高技能专业人士的工资增长可能会加剧企业内部的不平等（见，例如 Song et al.，2015；Piketty，2014；Sabadish and Mishel，2012）。这就引出了一个问题：如果以经济部门和企业规模为变量来进行估算，得出的结果是否仍和图 43 至图 45 所示的情况一致。[15]

表 3 显示了九大经济部门和三种不同规模的企业的工资水平，其中企业规模分为：小型（10—49 名员工）、中型（50—249 名员工）和大型（250 名或更多员工）。该表反映的结果与图 43 和图 44 所示的一致：不论经济部门或企业规模如何，在平均工资水平较高的企业中，工资不平等程度较高。以上图表所示结果都表明，特定经济部门中工资不平等的加剧或企业规模的不同并不必然导致企业内部的工资不平等，这种不平等实际上反映了平均工资相近的企业间所具有的相同工资结构。因此，随着平均工资的增加，企业内部的工资不平等在各个行业都有所加剧，特别

表3 2010年按经济部门、企业规模和平均时薪对图44进行的估值分解，以欧元为单位：所选百分位的企业内加权最低—最高个人时薪差

	底部百分位			第50百分位			第99百分位			顶部百分位		
	最低工资	最高工资	相对差	最低工资	最高工资	相对差	最低工资	最高工资	相对差	最低工资	最高工资	相对差
总人口	4.30	7.40	57.8%	7.87	20.16	108.0%	15.85	75.40	190%	19.69	126.22	221%
采掘业	5.28	9.23	58.4%	9.87	21.38	87.7%	16.03	75.42	172%	20.83	94.32	166%
制造业	4.45	8.05	62.9%	7.81	22.18	126.0%	13.86	76.72	227%	17.15	97.11	206%
建筑和公共事业	4.56	8.04	59.7%	8.33	17.92	84.1%	14.46	67.61	191%	18.95	88.93	179%
贸易	4.28	6.69	44.6%	7.19	15.19	85.3%	12.11	62.60	194%	15.06	90.16	204%
酒店和餐饮业	4.17	7.38	62.4%	6.72	11.34	55.1%	10.08	41.99	173%	13.36	67.13	192%
交通运输和通讯业	5.24	8.08	44.9%	9.12	23.55	108.2%	17.89	84.82	188%	23.98	121.07	195%
房地产和金融业	5.87	9.74	52.9%	13.18	34.31	111.1%	24.69	140.13	209%	28.59	226.73	220%
社会服务业	4.00	8.61	91.8%	6.45	19.63	134.1%	12.52	45.28	147%	15.73	59.31	148%
其他部门	4.24	7.23	58.0%	7.84	19.66	97.8%	15.85	59.44	149%	17.82	133.04	247%
小型	3.52	5.56	47.6%	6.32	13.62	84.2%	12.42	52.45	160%	15.98	93.74	195%
中型	4.50	8.60	72.9%	8.41	23.02	120.0%	15.52	74.93	188%	19.24	151.35	262%
大型	5.37	10.65	77.5%	10.00	27.52	120.0%	19.78	91.81	188%	23.85	140.05	214%

资料来源：ILO基于欧盟统计局“欧洲收入结构调查”的计算（见附录四）。根据图45，对九大经济部门和三个不同规模的企业的进行的估算。在各个选定百分位上，对加权最低与加权最高工资平均值进行比较，得出相对差。具体详见图43的注释。

是在房地产和金融业，以及交通运输和通讯业。在企业规模方面，如表3所示，企业内部的工资不平等不仅随着平均工资的增加而加剧，而且还随着企业规模的扩大而加剧。

在图46和图47中，图（B）按照不同的经济部门和企业规模对低薪职业和高薪职业的平均工资进行了比较，而图（A）则展示了在不同经济部门和不同企业规模下各职业类别的工资分配情况。所以图表中各经济部门或企业规模下的平均工资的估值通过从左至右排列的条形图来表示。因此，图46中酒店和餐饮业（第一个条形图）的企业平均工资最低（9欧元/小时），房地产和金融业（最后一个条形图）的企业平均工资最高（24欧元/小时）。此外，低技能工人的工资在平均工资最低的经济部门中所占比例很大（例如，占酒店和餐饮业的75%），但不同职业类别的工资分布在三种企业规模中几乎没有差异。不过，中型和大型企业里高技能和低技能劳动者之间的平均工资差距（分别为每小时14欧元和16欧元）相比小型企业更大。

图 46　职业类别和工资差距：按经济部门分类，按企业平均时薪的高低排列

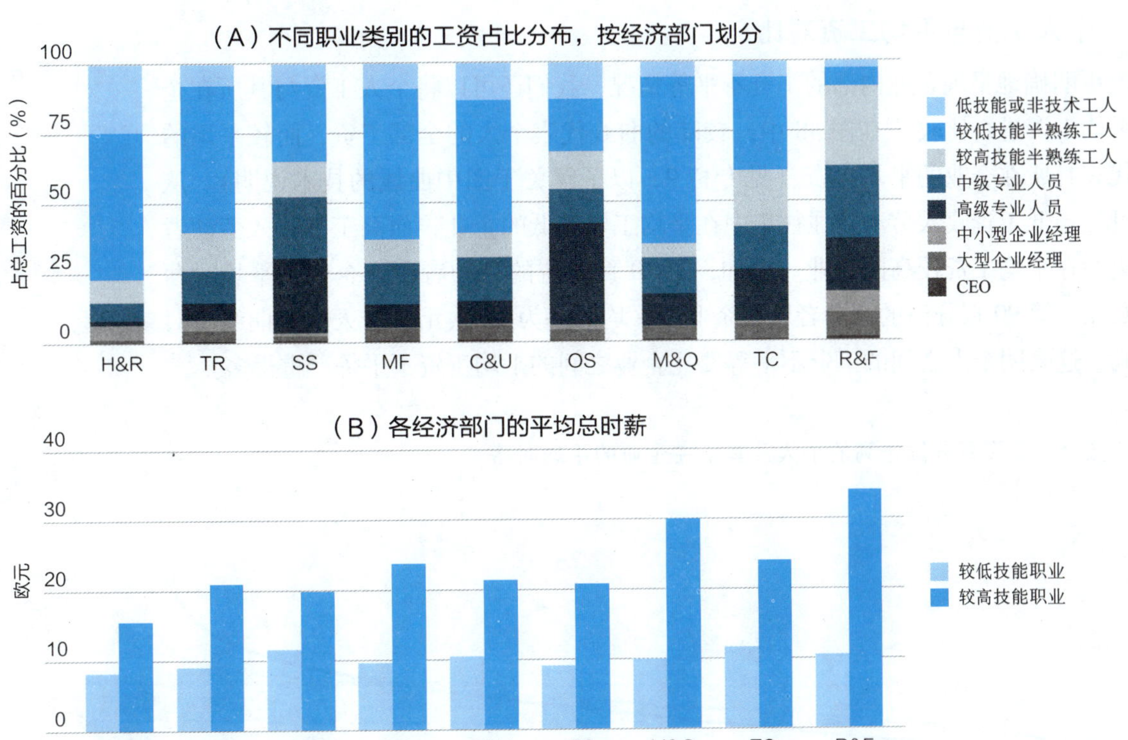

注：H&R = 酒店和餐饮业；TR = 批发和零售业；SS = 社会服务业；MF = 制造业；C&U = 建筑和公共事业；OS = 其他部门；M&Q = 采掘业；TC = 交通运输和通讯业；R&F = 房地产和金融业。职业分类遵循 ISCO－88 职业编码标准；CEO = 首席执行官；MCRP = 公司经理；MSME = 中小型企业经理；HPF = 高级专业人员；MPF = 中级专业人员；HSKO = 较高技能半熟练工人；LSKO = 较低技能半熟练工人；LSO = 低技能或非技术工人。图（B）中，“较低技能职业”包括低技能或非技术工人以及最低层次的半技术工人；“较高技能职业”包括首席执行官、大型企业或中小企业经理及高级专业人员。

资料来源：ILO 基于“欧洲收入结构调查”数据库的估算。

图 47　职业类别和工资差距：按企业规模分类，按企业平均时薪的高低排列

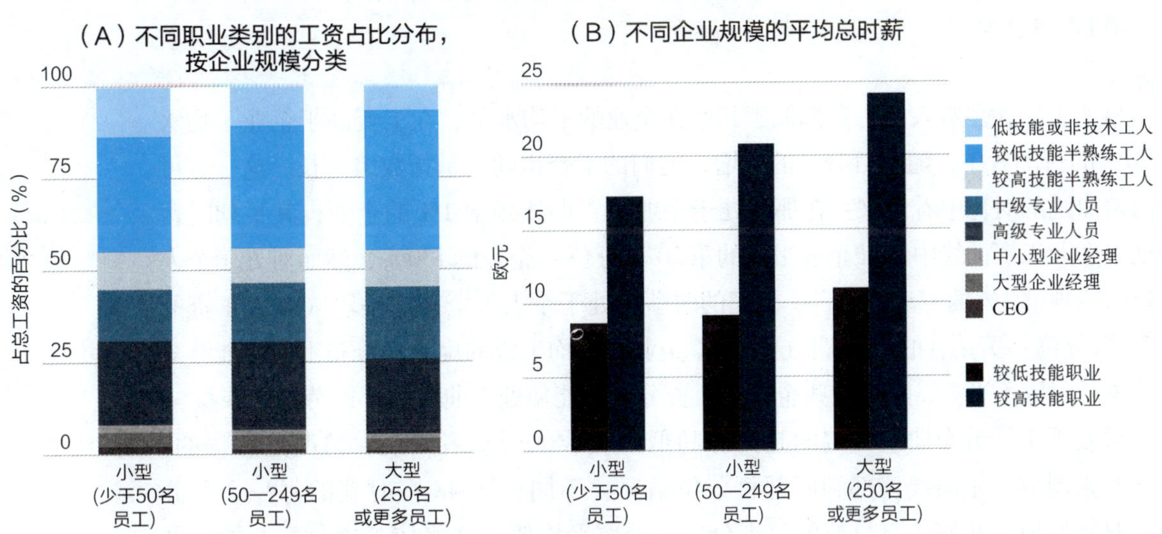

注：关于职业类别和图（B）中两个职业类别的定义，见图 46 的注释。

资料来源：ILO 基于“欧洲收入结构调查”数据库的估算。

10.4 个人工资与平均工资对比

为更明确地呈现企业内部的工资不平等情况，我们还可以将个人工资与其所在企业的平均工资进行比较。[16]在图 48 中，较陡的曲线代表个人的全部工资，而较平坦的曲线代表其所在企业的平均工资（见专栏 9，以了解关于图中曲线的技术说明）。从图中可见，低工资收入劳动者往往集中在平均工资较低的企业，而高工资收入劳动者往往集中在平均工资较高的企业。例如，第 10 百分位的劳动者所在企业的平均时薪为 7 欧元，第 90 百分位的劳动者所在企业的平均时薪为 19 欧元。[17]个人工资曲线相对更陡峭，这表明个人之间的工资不平等要比企业之间的平均工资不平等严重得多。

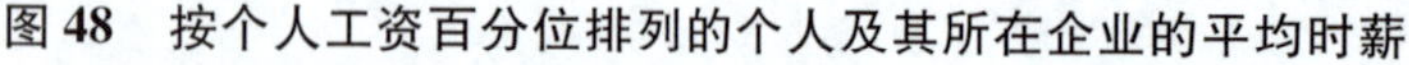

图 48 按个人工资百分位排列的个人及其所在企业的平均时薪

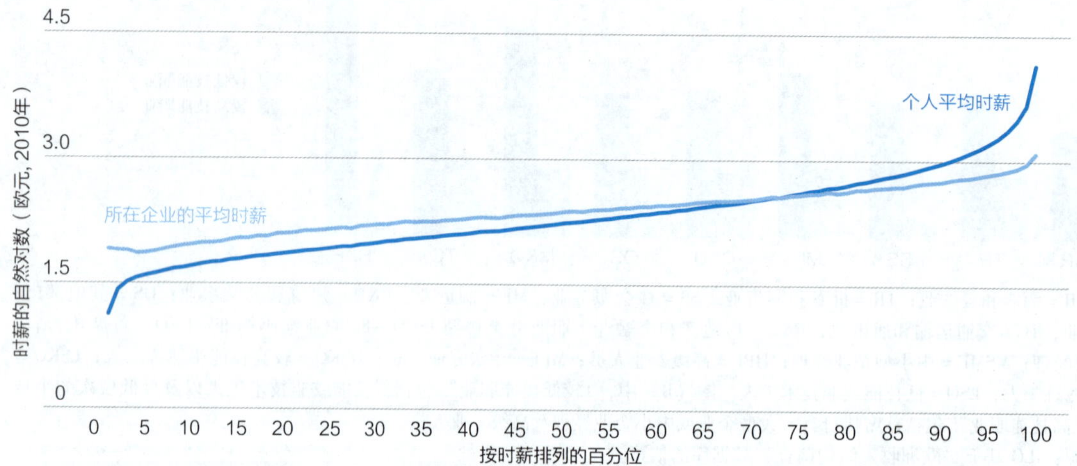

注：横轴为个人时薪总额的百分位分布。更多信息请见专栏 9。纵轴为时薪的自然对数；这样的横纵轴设置有助于将信息合并到一张图形内，在以绝对值显示尾部的极值时仍不超出原图的显示范围。

资料来源：ILO 基于“欧洲收入结构调查”数据库的估算。

事实上，大多数人的工资都低于其所在企业的平均水平。在工资高于企业平均水平 20% 的劳动者中，随着百分位的递增，他们的工资也随之呈指数级增长。这一点可从两条曲线的对比中看出来：在那些处于企业工资曲线顶部 1% 的企业，其平均时薪是处于企业工资曲线中段（企业工资的第 50 百分位）企业的 130%，然而对处于个人工资曲线顶部 1% 的劳动者而言，他们的时薪是处于个人工资曲线中段（个人工资的第 50 百分位）劳动者的 630%。这表明，企业间平均工资的扁平式分布不一定能够减缓总体的工资不平等，除非这些企业在工资分配时能使处于曲线底部的劳动者获益。

对处于工资分布曲线两端的超高和超低工资收入劳动者来说，情况是怎样的？以下两张图放大了曲线顶部和底部百分位情况：不同于图 48 在时薪的每一个百分位上取平均值，我们在百分位的每十分之一处取平均值，这将使工资分配两端的平均时薪的数值更加精确。为此，我们进一步将曲线顶部和底部十分位的每个百分位

专栏9 个人工资曲线与其所在企业的工资曲线

在图 48 中，我们按照时薪（w_i，在样本中为个人时薪的自然对数）对样本中的个体（i）进行排序。我们的样本反映了 2010 年欧洲 22 个国家的工资水平。排序结果按照国家/地区加以区分，以保留个人工资水平在各国工资分布中的所在位置。在此基础上，我们将特定百分位（c）上的平均时薪（$\bar{w}^c = 1/n(c)\sum_i w_i$）按百分位从低到高排列（共有 100 个加权平均观测值，其中加权的目的是为了将样本中不同国家工资水平的区别体现出来）；以上为个人工资曲线的绘制方式。然后，我们对各个劳动者所在企业（j）的“平均工资”进行估计：这个估值表示特定企业的平均工资水平，因为它在计算中已将劳动者剔除在外。最后，我们再在个人工资分配（$\bar{w}^{j|c}$）的每个百分位上对这些“特定企业值”取加权平均数。以上为企业工资曲线的绘制方式。个人工资曲线与企业工资曲线之间的垂直差（$\bar{w}^c - \bar{w}^{j|c}$）就是特定企业的工资差（企业工资溢价）。我们在绘制时使用了自然对数来表示时薪。相比于仅呈现出曲线走势，这种绘制方式能够缩小垂直比例尺，从而使图中的各点的估值能够被用以进行比较。

Song 等人（2015）曾在其文献中使用过类似的方法，不过这些文献讨论的重点是增长率而不是估值的比较。为使本文对个人工资如何影响企业工资变动的估算更具说服力，我们采取了与前者有所不同的方法。Song 等人（2015）将数据库内的每一份个人工资样本都算入对企业平均工资的估值中，我们认为这种方式会将高工资收入者所在企业的平均工资水平拉高，将低工资收入者所在企业的平均工资水平拉低，从而为“高收入劳动者的同事也是高收入劳动者”的假设提供依据。为避免这种情况，我们在估计企业平均工资时将个人工资的影响剔除在外：即在绘制企业工资曲线时，我们剔除了企业内个人的工资水平。样本中的所有企业都拥有 10 名或 10 名以上的员工，但受调查的员工人数有时不足 10 人。此外，受访员工人数不足两名的企业样本都被我们排除掉：在这个选择标准下，样本总数大约下降了 2%，同时这些被排除的企业也同样分布在不同的国家中（体现样本中各国的代表性）。上述选择标准的设立乃是基于我们在不同情况下的测试结果，即当人数为一个、两个、三个或四个时，观察估计结果会发生什么变化。结论是，在受访员工为一人时，估算结果几乎不存在差异。

分解成 10 个组，最终分别将曲线两端的十分位分成 100 个小组。图 49 具体呈现了曲线底部的工资分配情况。可以看到，低于第 10 百分位（即最低 0.1%）的劳动者的工资曲线下跌剧烈，远远低于他们所在企业的平均工资，这表明在工资分配的底层存在很严重的工资不平等：在这组数据中，工资水平最低的 1% 劳动者的时薪仅为 2.5 欧元，而他们所在企业的平均水平为 10.2 欧元。有趣的是，这些最低收入者所在企业的平均时薪（10.2 欧元）甚至略高于最高收入者所在企业的平均工资水平（9.5 欧元）。然而，第 1 百分位上个人平均时薪仅为 2.5 欧元，这与第 100 百分位上 7 欧元的平均时薪形成鲜明对比。

图 50 显示，在前 10% 工资收入的个体之间同样存在工资不平等：该组中前 1%（即最高的第 1000 百分位）劳动者的时薪与其所在企业的平均工资不成比例。这些劳动者所在企业的平均时薪为 45 欧元，而他们本人的平均时薪却高达 211 欧元。在图 48 中，前 1% 劳动者的平均时薪是其所在企业的平均水平的 169%。然而在图 50 中，当我们把这 1% 群体中的前 10% 单独拿出来分析时，可以看到这些劳动者的平均时薪是其所在企业平均水平的 368%。

图 49　位于收入底端 10% 劳动者的工资水平：个人及其所在企业的平均时薪

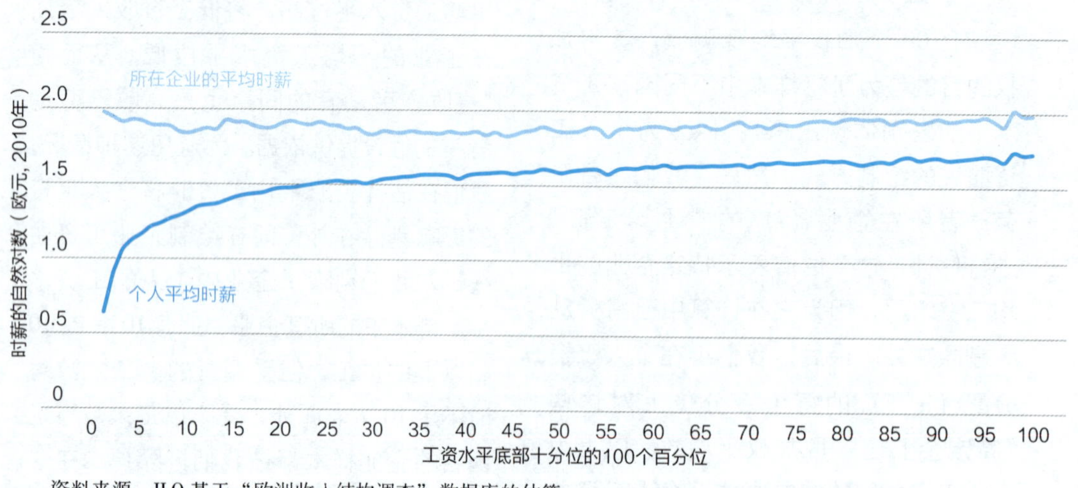

资料来源：ILO 基于"欧洲收入结构调查"数据库的估算。

图 50　位于顶端 10% 劳动者的工资水平：个人及其所在企业的平均时薪

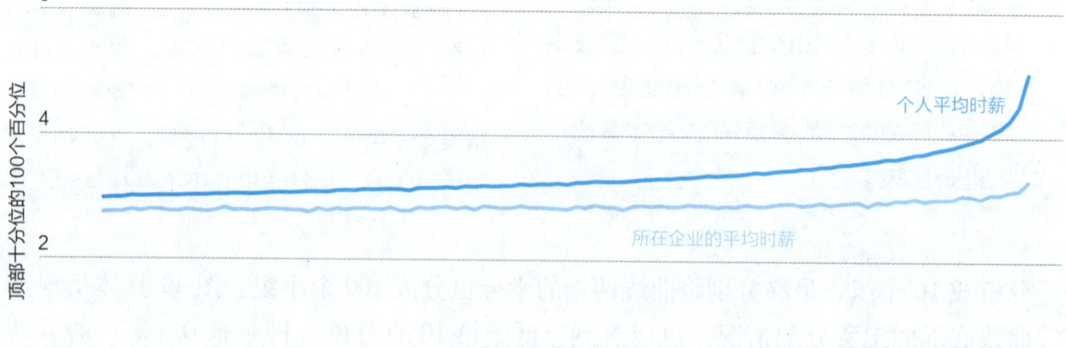

资料来源：ILO 基于"欧洲收入结构调查"数据库的估算。

我们还可探讨图 48 中两条曲线在各大经济部门和三种不同规模企业（小型、中型、大型）中的具体表现情况。在表 4 中，我们使用选定的百分位来对两条工资曲线（个人工资曲线及其所在企业工资曲线）在不同经济部门和企业规模下的具体情况进行分类。我们从表 4 中得出的第一个结论是，无论经济部门和企业规模如何，表 4 显示的结果都与图 48 所反映的一致。以交通运输和通讯业为例，该部门中位于工资收入前 1% 的劳动者的平均时薪比位于第 50 百分位的劳动者的工资要高 513%，而前者所在企业的平均工资水平仅比后者所在企业高 110%。以位于第 50 百分位和前 1% 企业/个人的工资水平之比作为参考点，可以观察到个人工资差最大的经济部门是房地产和金融业（前 1% 劳动者的工资水平是位于第 50 百分位劳动者工资水平的 866%），同时这也是企业间工资不平等程度最严重的经济部门（前 1% 企业的工资水平比位于第 50 百分位企业要高 200%）。

表 4　2010 年按经济部门、企业规模和平均时薪对图 48 进行的估值分解，以欧元为单位：所选百分位的个人时薪分布和个人及其所在企业的平均工资水平

	底部百分位		第 50 百分位		第 99 百分位		顶部百分位		交叉百分位
	个人工资	所在企业工资	个人工资	所在企业工资	个人工资	所在企业工资	个人工资	所在企业工资	
按经济部门分类									
采掘业	3.32	7.21	8.87	11.44	46.97	35.22	72.56	36.17	92nd
制造业	3.27	8.65	10.38	12.01	42.30	19.40	73.49	21.88	76th
建筑和公共事业	4.16	10.78	11.04	12.53	40.14	21.19	65.94	25.42	76th
贸易	3.86	8.52	10.72	11.65	41.63	21.54	69.38	22.33	64th
酒店和餐饮业	4.22	7.56	10.52	10.13	42.23	21.68	82.67	14.68	44th
交通运输和通讯业	3.96	10.55	10.98	12.83	41.88	24.24	67.29	26.90	87th
房地产和金融业	2.99	13.06	11.12	16.13	46.30	35.76	107.49	48.36	99th
社会服务业	3.36	12.07	12.20	15.07	45.47	19.28	75.87	20.61	80th
其他部门	4.12	8.58	11.39	14.00	46.29	26.08	84.66	31.31	84th
按企业规模分类									
小型	3.70	7.51	10.23	10.95	38.63	20.60	64.76	24.66	68th
中型	3.50	8.61	10.52	12.12	39.33	21.39	72.98	26.19	78th
大型	4.06	12.34	11.87	14.74	46.61	26.06	88.08	32.80	79th

注：表中经济部门的定义基于 NACERev. 2 分类标准。企业规模的分类以企业员工人数为标准：小型企业 = 10—49 名员工，中型企业 = 50—249 名员工，大型企业 = 250 名或以上数量员工。

资料来源：ILO 使用 22 个国家的“欧洲收入结构调查”数据的估算。

在企业规模方面，我们观察到，在三种企业规模中都存在相近的工资不平等现象，然而在大型企业中，企业平均工资与个人平均工资的差距大于其在中小企业中的差距。因此，在大、中、小企业中，前1%劳动者的平均时薪分别比同等规模企业中位于第50百分位的劳动者要高出642%、594%和533%；然而，他们所在企业的平均工资水平仅比位于第50百分位的企业高出123%、116%和125%。表4的最后一列显示了两条工资曲线交叉时所在的百分位，即个人工资水平与其所在企业平均工资水平相等时所在的百分位：该数字越大，工资分配则越集中在企业内前1%劳动者的手中。除酒店和餐饮业外，在其他所有经济部门和企业规模中，超过三分之一的劳动者的工资低于其所在企业的平均工资水平。据估计显示，在房地产和金融业中，只有处于最高百分位的劳动者才拥有高于企业平均工资水平的工资。

10.5 在总体工资不平等中，有多少是由企业内部的工资不平等引起的，有多少是由企业之间的工资不平等引起的？

在总体工资不平等工资中，有多少是由企业内部的工资不平等引起的？有多少是由企业之间的工资不平等引起的？为解答该问题，我们采用了“方差分解”这一方法对数据进行分析。该方法在文献中被广泛用于理清企业内部和企业之间的工资不平等现象（参见专栏7中的文献综述）。附录五对我们所采用的方法进行了具体解释。按照该方法进行分析，我们发现，对于“欧洲收入结构调查”数据集中欧洲22个经济体而言，自2002年以来工资不平等程度有所下降，其中在金融危机期间（2006年以后），工资不平等程度的下降幅度远远大于金融危机爆发前一段时期（2002—2006年）的下降幅度。虽然工资不平等程度有所下降，然而企业内部的工资不平等占总体工资不平等的相对比例仍保持不变。在构成总体工资不平等的两大因子中，企业之间工资不平等的占比略大于企业内部工资不平等的占比，不过在此期间后者在总体工资不平等中仍然保持着较高的占比（约42%）。

表5 2002—2010年间欧洲的企业之间和企业内部总时薪差异

年份	工资总方差	企业内部工资差异方差	企业之间工资差异方差	残差
2002	0.296（86欧元）	0.124	0.172	0.00023
2006	0.291（79欧元）	0.135	0.171	-0.01500
2010	0.272（65欧元）	0.118	0.165	-0.01100

注：表中数字是基于实际值进行的估算值；基准年为2010年。工资总差异与企业内部和企业之间工资差异按照国别、年份的方式单独进行计算；表中的数字以数据库中各国的人口作为权重，计算出欧洲22个经济体的加权平均数。估值以对数的方式表示：总方差右侧括号内的数字对应于根据附录五中所定义的转换式计算的所得值，以欧元计。这一转换式不能应用于计算企业内部工资方差、企业之间工资方差或残差。附录五中的转换式可用于计算企业之间工资方差，但计算所得值（以欧元计）不能与通过总方差转换所得的值相当。详情请参阅附录五。

图 51　2010 年欧洲 22 个经济体时薪方差分解情况

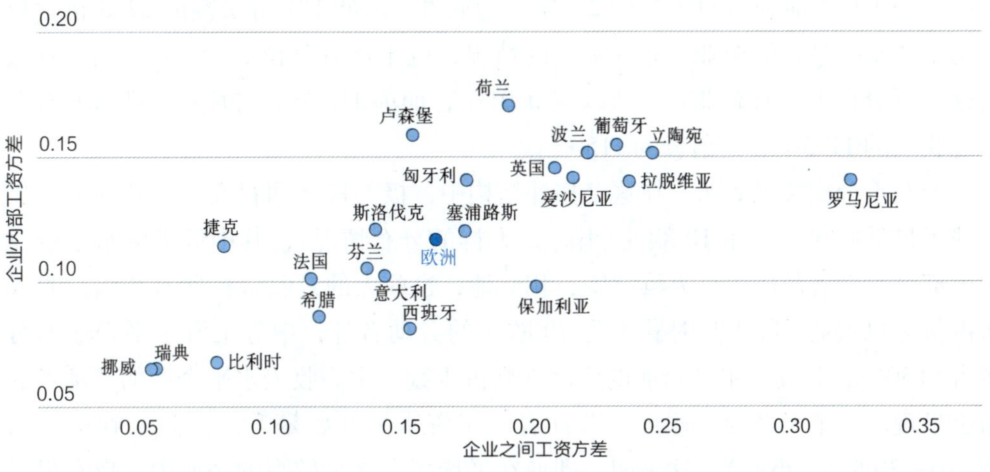

注：估值反映了不包括残差的工资总方差分解情况。横轴与竖轴分别为“企业之间”和“企业内部”的工资方差，为总方差值提供了衡量标准（不包括残差）。例如，比利时的总方差（对数）值为 0. 147，“企业之间”与“企业内部”方差值分别为 0. 082 和 0. 068。

资料来源：ILO 基于“欧洲收入结构调查”数据库的估算。

虽然表 5 反映了工资不平等以及企业内部的工资不平等对总体工资不平等程度的重大影响，但在 22 个经济体各自工资的平均值估计中，各国的工资结构可能有所不同。图 51 呈现的是各国工资差异的具体情况，在此我们发现了一个有趣的现象：构成总体工资不平等的两大因子之间存在正相关，即企业之间的工资不平等程度越严重，企业内部的工资不平等程度也越严重。

10. 6　解析企业之间和企业内部的工资不平等

图 52 揭示了欧洲企业之间和企业内部的工资不平等。该图中的两张图从三维角度呈现了工资不平等情况。两图的横轴均为按照企业所支付的平均工资从低到高排列的百分位情况；竖轴则均为按照个人工资从低到高排列的百分位情况。其中，图（A）的纵轴反映的是个人的工资水平，图（B）的纵轴反映的是个人月工资收入占所在企业的百分位上所有企业月收入的份额。需注意，图（B）中对劳动者和企业的百分位划分同样基于时薪水平，因为时薪是能将个人收入与工作时间分离开的公分母。

在此，我们用以下两个例子来对图（A）和图（B）进行解读。图（A）里，在平均工资水平最低的企业（第 1 百分位）中，平均工资最低（底部 1% 的企业）为每小时 2. 5 欧元，而同一百分位上，平均工资最高达 11. 8 欧元，后者比前者高出 372%。在平均工资水平最高的企业（前 1%）中，平均工资最低（底部 1% 企业）为每小时 7. 1 欧元，平均工资最高（顶部 1% 企业）可达 844. 2 欧元，后者比前者高出 11790%。图（B）里，平均工资水平最低的企业（后 1%）的月收入仅占这一百分位上所有企业月总收入的 0.04%，而同一百分位上位于收入顶层的企业的月收入却占所有企业月总收入的 2.5%，为底部 1% 企业所占份额的 62.5 倍。再看平均工资水平最高的企业（前 1%）的情况，位于该百分位后 1% 的企业的月收入占这一百分位上所有企业月总收入的 0.01%，而前 1% 企业的月收入则占所有企业月总收入的 11.5%，是前者的 1150 倍。

这种双重分配情况表明，在这个拓扑结构中，极与极之间存在一大片浅滩，集中反映了最低收入（低于 10 欧元/小时）人群的分布情况，，其中低工资水平企业中的大部分劳动者都属于该人群范围；相应地，这些人的月收入在所有个人总收入中所占份额也很低。除上述时薪不到 10 欧元的劳动者外，中等工资水平企业的劳动者占约 50%，高收入水平企业的劳动者则占少数。中高收入水平企业的劳动者的分布也呈现出一个大平面，这部分劳动者的工资水平开始攀升，但尚未到达“山脚”（10—30 欧元/小时）；这表明，即使在平均工资水平较高的企业中，也有很多劳动者的收入和中等工资水平企业中绝大多数劳动者的收入相近。工资分布峰形图中的高峰——即工资分布开始形成峰形的地方——是该图最引人注目的一点，这反映出了严重的工资分配不平等现象，即部分企业给少数个人开出了极高的工资。如果工资不平等主要是由于企业之间的工资不平等所致，那么峰形图中的山峰图就会随着百分位的递增而逐渐攀升。与之相反，图（A）中显示，各类企业中的大部分劳动者的收入都处在一个相对平坦的高度，而真正处在工资分布高峰上的劳动者则是凤毛麟角。图（B）显示，在考虑工作时间的变量后，整体工资分配的不平等情况与图（A）没有太大的不同。但是，在图（A）中，由于前 1% 的高工资人群所在的“山峰”过高，低工资水平企业中的工资不平等并不明显，而在图（B）中，无论所在企业位置如何，位于最高百分位的劳动者和其他劳动者之间的工资不平等程度都更加明显；图中低收入水平企业的高收入人群呈上升坡状分布，这反映出随着峰形图往高工资水平企业方向移动，这部分人群的月收入占比越大。

图 52　2010 年欧洲工资差异峰形图

（A）时薪

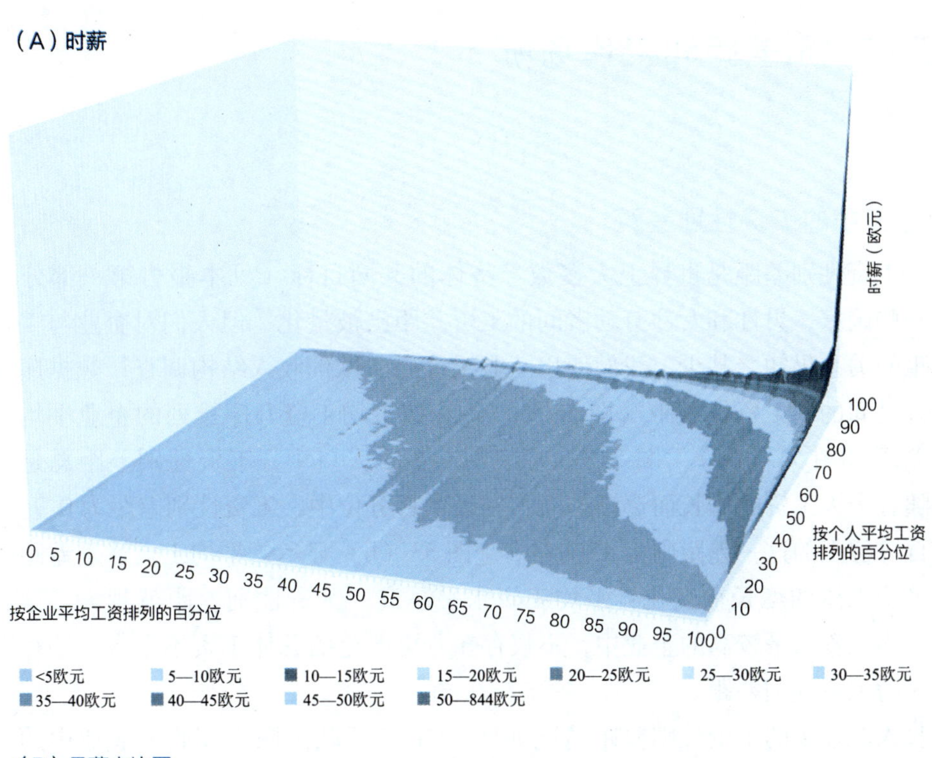

（B）月薪占比图

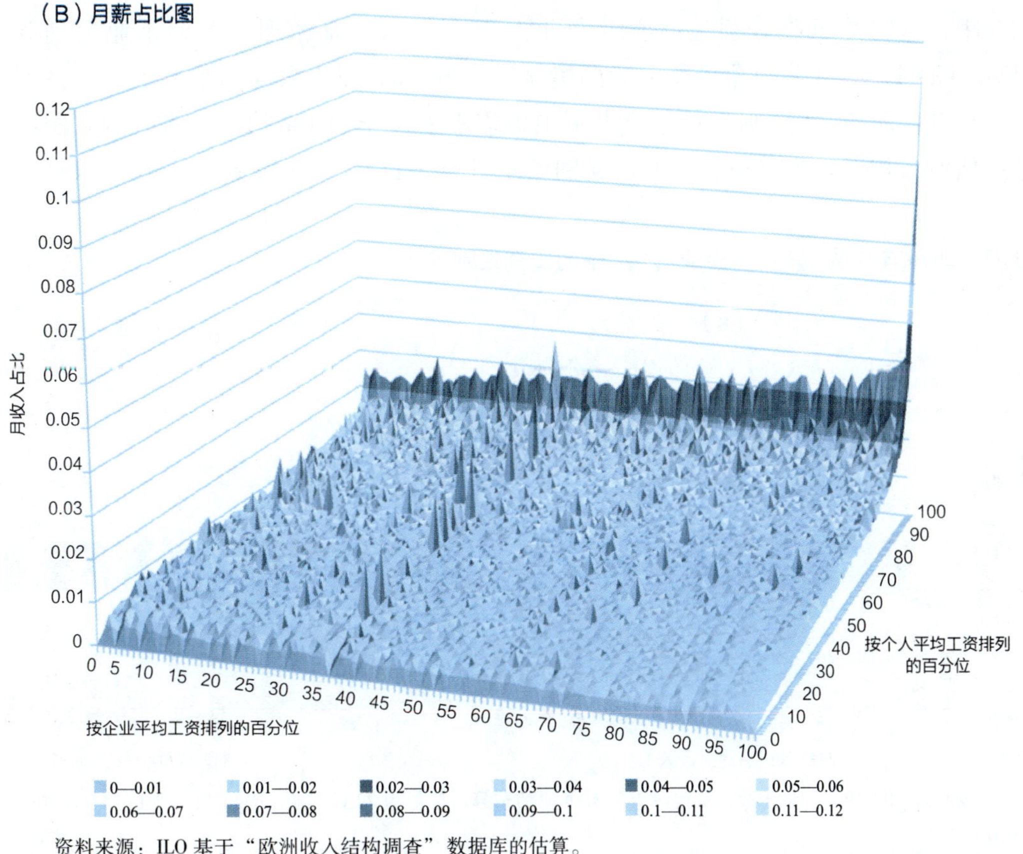

资料来源：ILO 基于“欧洲收入结构调查”数据库的估算。

11. 工资性别差距和工作场所

11.1 企业中的工资性别差距

缩小工资性别差距是世界上大多数经济体的共同目标（见本报告第一部分）。尽管在一些国家，男性和女性劳动者间的工资差距已被量化，但人们对企业与工资性别差距的关系仍知之甚少。我们使用欧盟统计局“欧洲收入结构调查”数据库来估算个人之间的别工资性差距（图 53（a））和按平均工资升序排列的企业平均工资性别差距（图 53（b））。[18]图 53（a）表明，在总人口中，工资性别差距总是存在，并随着个人工资的增长而逐渐扩大：在最低百分位中，工资性别差距为 0.7%，而最高百分位上的这一差距则为 45% 左右。图 53（b）显示，平均工资性别差距随着企业平均工资的增长而变化：平均工资水平越高，工资性别差距就越大。这表明，在平均工资水平较高的企业中，不仅存在着更严重的总体工资不平等，还存在着更明显的工资性别差距。

高收入职业中的工资性别差距情况如何？图 54 反映了四大高收入职业中的性别差距，这四类职业分别是：顶级专业人士、中小企业经理、大型企业经理和 CEO。图 54 中，工资性别差距分为两组显示：图（a）针对的是各职业类别中的所有劳动者，而图（b）则为各职业类别中工资水平位于前 1% 的劳动者。两张图将这些估值与相应职业类别下的工资性别差距进行了比较。图 54 显示，在收入最高

图 53 2010 年个人（a）和企业（b）中的工资性别差距

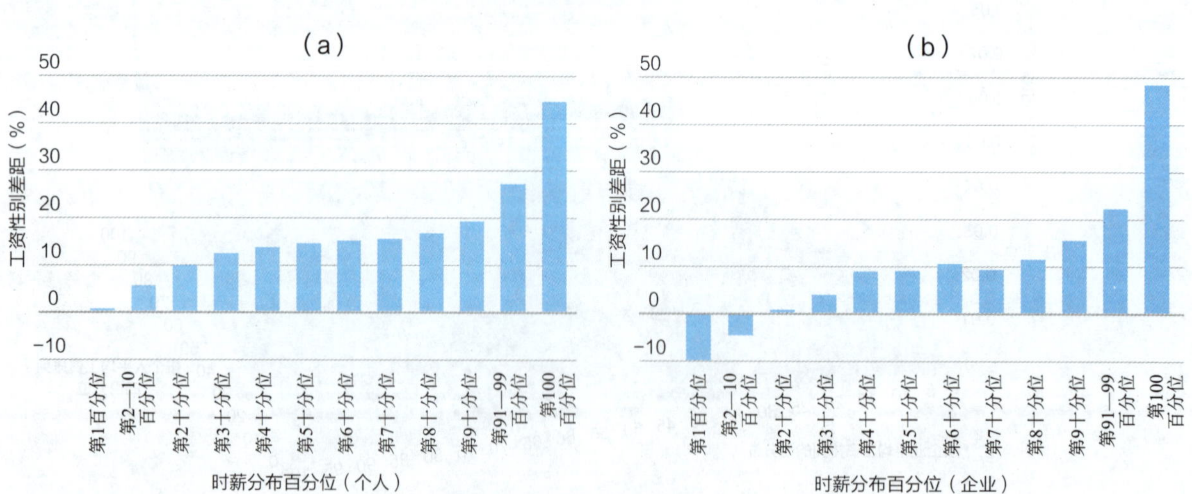

资料来源：ILO 基于“欧洲收入结构调查”数据库的估算；估值为 22 国最近一年工资水平的加权平均值（2010 年）。

图 54　最高工资职业类别和收入位于前 1%劳动者的工资性别差距（时薪，2010 年）

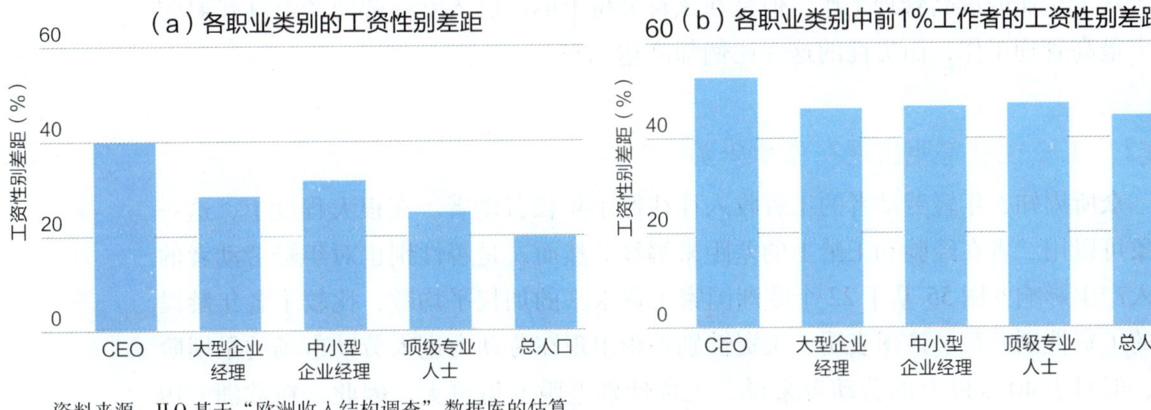

资料来源：ILO 基于“欧洲收入结构调查”数据库的估算。

的职业类别中，不仅工资性别差距更大，在最高 1% 群体中，这一情况更是进一步加剧。因此，在总人口中，CEO 的性别差距约为 40%，是总体工资性别差距（约 20%）的两倍。在工资最高的 1% 群体里，总体的工资性别差距约为 45%，而 CEO 群体的工资性别差距则达到了 50% 以上。换句话说，在工资位于前 1% 的劳动者中，男性 CEO 的收入是女性 CEO 的两倍。

女性不仅收入较低，而且如表 6 所示，高薪职业中的女性人数也较少。尽管工薪阶层（男性占 52%，女性占 48%）中的性别比例大致相仿，然而，16.2% 的男性劳动者担任大型企业和中小型企业 CEO 和管理人员，是女性担任同样职务的比

表 6　2010 年欧洲总人口中管理职位的性别分布情况（平均值）

	总人口（100%）	男性（52.1%）	女性（47.9%）
总人口：			
%，中小企业经理	1.9	2.1	1.7
%，大型企业经理	3.9	5.1	2.7
%，首席执行官（CEO）	6.4	9.0	3.6
总计	**12.3**	**16.2**	**8.0**
个人时薪分布的最高百分位：			
%，中小企业经理	6.8	25.6	6.1
%，大型企业经理	32.6	33.7	26.8
%，首席执行官（CEO）	12.0	12.9	8.2
总计	**51.4**	**72.2**	**41.1**

注：图中的职业类别参照 ISCO－88 分类标准。CEO 被分类为 ISCO121（董事长和首席执行官）；大型企业经理被分类为 ISCO122 和 123（除 CEO 和中小企业经理之外的企业经理）；中小企业经理被分类为 ISCO13（较小规模企业的经理）。上述分类不包括 ISCO11（即立法者、高级政府官员或专业机构的高级官员）。

资料来源：ILO 基于“欧洲收入结构调查”的估算。

例（8%）的两倍。此外，在工资分布的最高百分位（前 1%）上，有 51.4% 的劳动者从事企业的最高管理工作，但是在该百分位上的高收入女性劳动者中只有 41% 从事最高管理工作，而男性的这一比例却高达 72%。

11.2 工资性别差距出现在哪个年龄段?

众所周知，年轻劳动者的工资收入往往低于年长劳动者。在很大程度上，这一现象可以用二者在经验和工龄上的差距来解释。然而，是否性别也对年轻劳动者的收入产生影响？图 55 基于 22 个欧洲国家工资水平的加权平均数，比较了各年龄段中的工资性别差距。该图表明，工资性别差距出现在劳动力进入劳动市场的早期阶段，但对于 40 岁以上的劳动者来说，工资性别差距变得更大。因此，在欧洲，19 岁以下的男性劳动者平均比同年龄段的女性劳动者多赚 10%。图 55 进一步表明，在 22 个欧洲国家中，年轻劳动者间工资性别差距的存在相对普遍，尽管某些国家的年轻劳动者不存在工资性别差距，甚至还出现女性工资高于男性的情况（如挪威），然而在其他国家，年轻劳动者的工资性别差距明显高于欧洲平均水平（如英国）。

图 55 按年龄段、时薪分布划分的工资性别差距（实际金额，基准年为 2010 年）

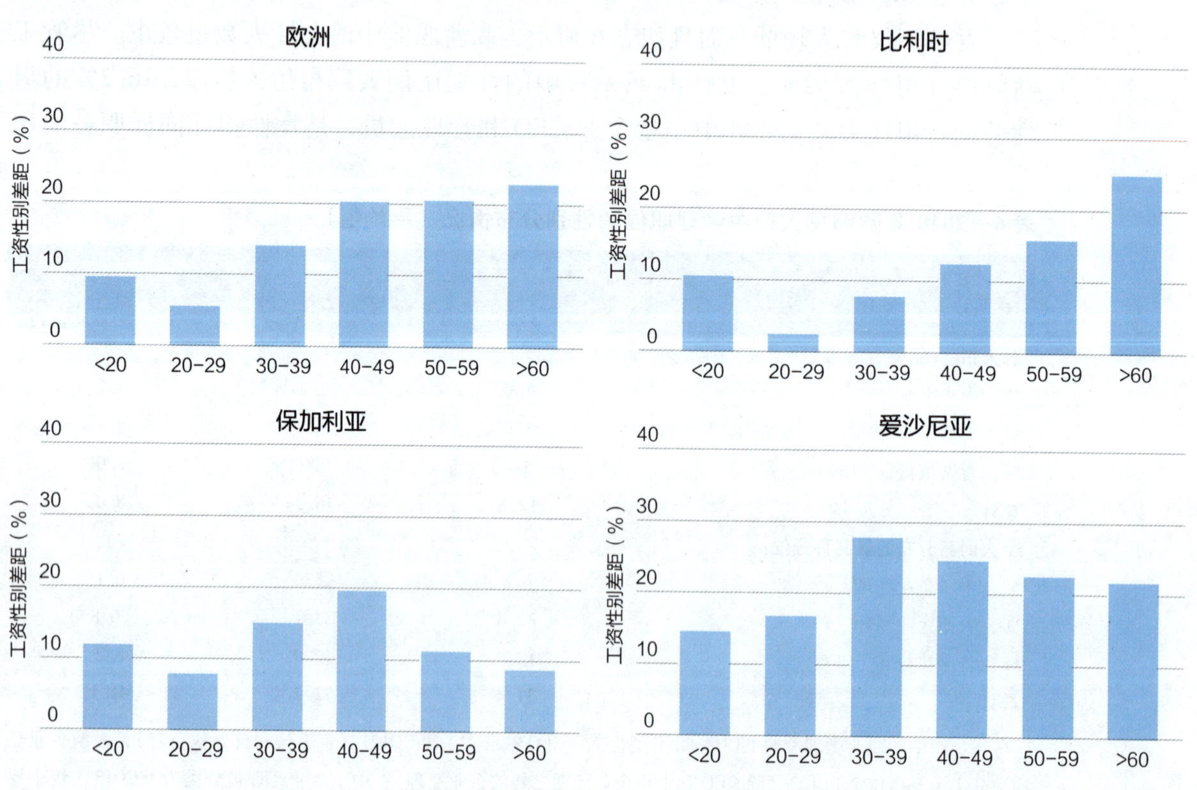

图 55（续）

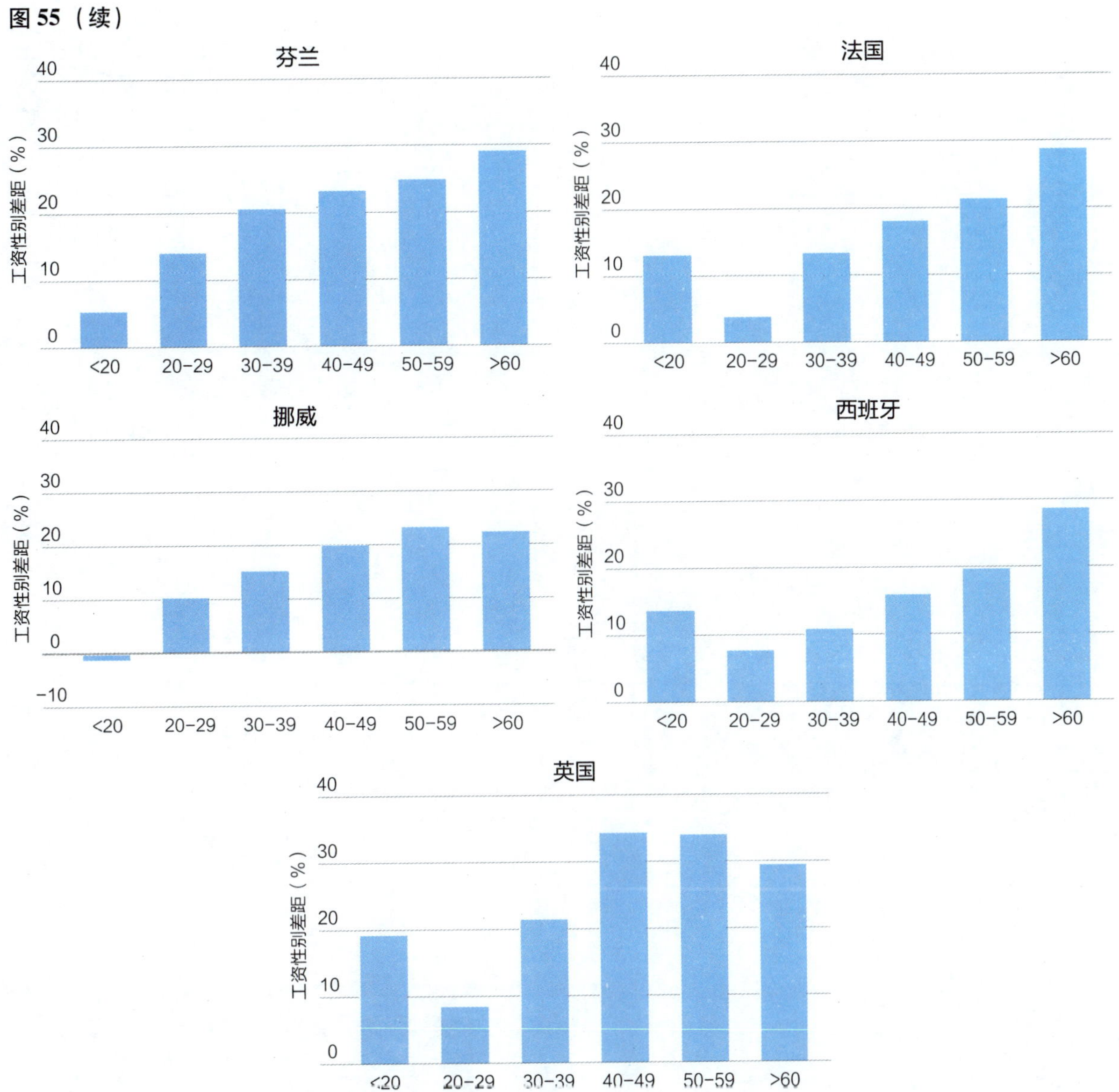

注：图中估值是 2010 年欧洲 22 个国家工资水平的加权平均数。

资料来源：ILO 基于“欧洲收入结构调查”数据库的估算。

第三部分　总结与结论

12. 全球层面政策协调的重要性

本年度《全球工资报告》的第一部分指出，金融危机发生后，全球工资在2010年恢复增长，但从2012年开始减速，到2015年跌至四年来的最低水平。在后金融危机时代，全球工资增长在很大程度上受到亚洲和太平洋地区发展中国家较为强劲的工资增长的影响，尤其是中国和其他一些发展中国家和地区。最近，这一增长趋势开始减缓，甚至发生倒退，主要表现为拉丁美洲和加勒比地区以及东欧地区的工资出现下降，中亚和西亚、非洲以及阿拉伯国家的工资增速放缓。发达经济体依然保持相对较高的工资增长，但在美国和德国等国家，工资增长的复苏程度不足以抵消新兴和发展中国家的低迷走势，全球经济仍然呈现出工资停滞的特点。报告还指出，继2007—2010年多国出现预期内的劳动收入份额反周期性增长后，在2010—2015年，绝大多数国家的劳动收入份额又重新呈现出长期下降趋势。中国、德国和美国是例外，但即使对这几个国家来说，要想扭转劳动份额的跌势仍然任重道远。

平均工资停滞和劳动力占比下降带来了社会和经济两方面的影响。在社会影响方面，经济增长与工资增长的断层意味着劳动者及其家庭并没有感受到他们获得了经济发展成果的公平份额，因而可能会造成动力缺失和倦怠情绪。在经济影响方面，发达经济体中更高的利润分成通常并未拉动投资的增加（ILO and OECD, 2015），而工资的低速增长抑制了居民消费，从而导致总需求降低，尤其是在多个大型经济体同时发生工资停滞的时候。在这方面，2015年一些国家的工资增长回暖为该国及其他国家带来了经济利好影响。当存在经济可行性时，应保持或进一步鼓励更高的工资增长。当然，这并不一定适用于所有国家，因为在一些国家，更高的工资增长会造成劳动力成本的增加，这对企业和就业机会的创造来说不是可持续发展的方式，也有可能导致出口或投资的急剧减少。因此，需要视国情而定所要采取的方式。

就目前来说，全球层面政策协调仍然发挥着重要作用，以避免出现为实现出口增长，多国同时采取工资节制政策或竞争性的削减工资的情况，这些做法都可能导致区域或全球性的总需求下降和通货紧缩。就这一问题，近年来二十国集团峰会将工资政策纳入其议程，并起到了积极的改善作用。2016年，二十国集团呼吁实行宏观经济政策，以实现工资和生产率的大幅增长，同时呼吁实施可持续工资政策原则，强化劳动力市场制度和政策的影响力——例如在最低工资和集体谈判上——如此，可有助于工资增长更好地反映生产率增长的提高。此前，2015年二十国集团峰会通过了《关于劳动收入占比和解决不平等的优先政策》[19]，指出工资过度不平等既是社会风险也是经济风险。

13. 根据本国情况缓解工资过度不平等的可能措施

缓解工资过度不平等的措施有哪些？本年度报告的第二部分提供了工资不平等的新证据，说明工资与工资不平等不仅由个人能力特点决定（如教育水平、年龄和工龄），而且由企业之间与内部的工资不平等决定。这一方法强调，降低工资不平等不仅需要加强劳动者的技能，还要引入能够减少企业之间平均工资不平等和企业内部工资不平等的措施。在以下章节中，我们将探讨一些可能的选择，以及这些选择会如何影响企业之间和企业内部的不平等。

13.1 最低工资和集体谈判

最低工资和集体谈判能有助于同时减少企业内部和企业之间的不平等。以巴西为例，巴西的经验表明，设置最低工资能够缩小最低薪企业的工资差距，从而减轻企业内部的工资不平等；同时，通过提高最低薪企业的平均工资水平，又使得企业之间的工资趋近（Alvarez et al.，2016；Engbom and Moser，2016）。集体谈判也可以通过类似的方式减少企业内部和企业之间的工资不平等。但有文献指出，不同的集体谈判组织方式可能带来不同的影响后果[20]。如果集体谈判是发生在国家、行业或/和区域层面的多雇主谈判，各个层面的力量都参与协调，那么就会有更多的劳动者从中受益，削弱企业间和企业内部的工资不平等。如果政府将集体谈判的内容拓展至某个领域或整个国家的所有劳动者，则谈判的影响力将进一步加强。如果集体谈判机制涉及的范围很窄，只发生在公司或工作场所层面，则谈判的影响力就仅有助于改善企业内部的工资不平等现象。因此，拥有全纳性集体谈判体系的国家，其工资不平等水平也相对较低，也就在意料之中了（Alvarez et al.，2016；Engbom and Moser，2016）。

国际劳工组织提出了最低工资和集体谈判的国际劳工标准[21]，并于近期出版了就以上两项内容的政策指导（ILO，2015d and 2016e）。关于最低工资，一些主要的政策设计维度包括，确保广泛的法律覆盖；社会参与者的充分协商或直接参与；在设定和调整水平时考虑劳动者及其家庭和经济因素，包括维持高水平的就业率；采取其他有助于落实最低工资政策的适当措施。就集体谈判而言，1949 年通过的《组织和集体谈判权利的原则应用公约》（第 98 号）确立了有效认可集体谈判权利的基本原则。1981 年通过《集体谈判公约》（第 154 号）对其进行了补充，旨在促进自愿且由代表自由和独立的组织执行的集体谈判。尽管集体谈判是自愿的过程，各国仍需通过立法和创设支持机构来建立鼓励和推动其发展的框架。国际劳工组织政策指导也指出了最低工资和集体谈判作为政策工具的互补性，两者在应对工资停滞的特定问题和不同国家的工资不平等上都能发挥作用。

近几年，一些新的提案和倡议也被用于解决企业间逐渐扩大的工资不平等问题，尤其是针对买方和分包商之间的不平等（见 Weil，2014；Song et al.，2015），旨在确保供应链的所有环节都包含在集体谈判协议中。从国际层面来看，一些企业一直强调企业自身难以在买方寻求最低价的竞争市场中提高工资水平。针对这一问题，一些全球知名品牌联合制造商和工会，提出了一项有意义的倡议：在服装制造业国家推动服装行业的多雇主集体谈判。[22]

13.2 最高工资：企业自主调节还是加强监管?

鉴于本报告所揭示的企业内工资不平等的严重程度，显然，企业能够充分发挥自我调节的作用，将工资不平等程度控制在社会可以接受的范围内。企业在社会中扮演着重要的角色，因此企业不仅应该对股东负责，更应该考虑其对社会不平等与凝聚力的更大影响。

有人认为，在理想状态下，过高的高管薪酬会被一众道德高尚、兢兢业业的管理者进行修正，这是他们践行责任与公正心的表现（Massie，Collier and Crotty，2014）。也许更现实的情况是，可以通过企业层面的薪酬政策来实现更公平的工资体系。劳动者与雇主组织对此都有着相应的重要影响。劳工代表进入企业薪酬委员会能够对此有所助益。各方社会伙伴也能就薪酬政策向成员提出建议。例如，在法国，两个雇主组织联合出版了一套关于行为准则和证券交易公司经理薪酬的建议（AFEP，2008 and 2013）。企业社会责任倡议也对此有所帮助，有助于形成富有社会责任感的企业文化。国际劳工组织在《关于促进可持续性企业的结论》中表示，“可持续性企业会参与社会对话，建立良好的产业关系，例如集体谈判和雇员信息、咨询和参与。这些是实现双赢的有效途径，能够发扬共同价值观、信任、合作与富有社会责任的行为”（ILO，2007，p. 5）。

然而实际上，似乎许多 CEO 往往自己决定自己的工资水平，股东通常难以确保高管的工资与社会价值或企业业绩保持一致。这使得一些国家采取立法措施加强薪酬透明度，提高股东对过高工资的话语权，例如在一些情况中结合股东的推荐。公开薪酬的义务可以延伸至 CEO 以上的高层，以及非上市企业。同时，必须承认，有的股东也会支持有利于短期股东价值而非长期企业业绩的 CEO 薪酬包。这也使人们开始思考是否需要更多规定来阻止此类薪酬包。近来，一些政府和政治人物提出，要在这个问题上采取更强硬的措施，回应民众对经济制度中不平等和不公正的不满（见 2016 年 5 月）。

13.3 可持续性企业的生产力增长

数据显示，企业间的平均工资差异对整体工资不平等有决定性的影响，因此，促进可持续性企业的生产力增长将有助于平均工资的提高，并能够同时缓解工资不平等问题。增长和不平等。如果企业间持续加剧的工资不平等是由两极分化和业务外包所导致，那么在低价值加工领域，生产力提高的空间就可能非常小。更广泛地说，2007 年 ILO 发布的《关于促进可持续企业的结论》（Conclusions concerning the promotion of sustainable enterprises）指出，歧视与不平等和企业的可持续发展相互矛盾，并强调需要打造一个健康环境，以有益于企业的可持续创造、发展以及改革。这样的健康环境能够将对利益的正当追求——经济发展的关键动力之一——与尊重人性尊严、环境可持续性及体面劳动的发展需求结合起来。

鉴于企业之间平均工资的差异仍然是总体工资不平等的重要决定因素，促进可持续性企业的生产力增长将有助于平均工资的提高，从而缓解工资不平等问题。增长和不平等之间并不是非此即彼。形成稳定生产力布局的政策也可有助于减少工资差距。这些政策包括，促进中小型企业就业和生产力增长的产业政策，以及提高产品质量的创新性投资。在发展中国家，从低生产力向高生产力发展的结构转变发挥了重要作用。在要求技能积累的同时也促进了技能的发展，并最终培养出越来越多受过良好教育的劳动者。政府可以通过高质量的公共教育、技能培训计划和就业选配服务等起到推动作用。更多的高技能人才也会提升低技能劳动者的工资水平，从而降低总体的不平等程度。

然而，关于促进最低薪企业生产率提高的政策也会导致最低工资的提升，从而缩小收入差距的论断仍仅限于假设而缺乏经验证据的支持。如果企业间持续加剧的工资不平等是由两极分化和业务外包所导致，那么在低价值加工领域，生产力提高的空间就可能非常小。在全球供应链中也有类似的案例，以发展中国家服装制造企业为例，其生产力的发展会转变为更低的售价而非更高的工资。因此，在低薪企业中，高生产力应与更有力的工资政策和集体谈判机制相结合。

更广泛地说，2007 年 ILO 发布的《关于促进可持续企业的结论》（Conclusions concerning the promotion of sustainable enterprises）指出，歧视与不平等和企业的可持续发展相互矛盾，并强调需要打造一个健康环境，以有益于企业的可持续创造、发展以及改革。这样的健康环境能够将对利益的正当追求——经济发展的关键动力之一——与尊重人性尊严、环境可持续性及体面劳动的发展需求结合起来。各种因素都会对此造成影响，包括和平与政治稳定、良性管理、社会对话、尊重人权与国际劳动标准、稳定的宏观经济政策、企业家文化、有效的法律和监管环境、金融服务、信息和通讯技术，以及基础设施（ILO，2007）。

13.4 性别与其他收入差距

性别工资差距——男性与女性之间平均工资的差别——仍旧是全球关注的问题。本报告特别指出，尽管性别工资差距存在于各种类型的企业，但在平均工资较高的企业中尤其明显。这说明企业工作评价仍然是保障对于相同价值的工作享有相同工资、政府有效执行与劳动者有效诉诸司法的立法的重要组成部分。将 CEO 的工资限定在一定范围内（如上文所述），也将缩小本报告所记录的男性与女性首席执行官之间巨大的薪酬差距（另请参阅 ILO，2015a，p. 60－61）。

除此之外，当劳动力市场制度与工资政策能够覆盖并保护弱势、劣势或受歧视群体时，也能够充分有效地减少工资不平等（如上文所述）。例如，如果法律将主要为女性的领域或职业的工资设定得更低，或是在最低工资法中将移民者剔除在外，那么这些群体将继续遭受不平等的对待，并且对所有层级的工资造成下降的压力，尤其是对中低工资范围。同样的关注近来也投向移民和难民群体，他们的就业及工资问题引发了广泛热议。另一方面，出台推动非正式经济向正式经济转型的有关政策，能够缩小在这两种经济类型中工作的劳动者的工资差距。

14. 减少不平等的其他措施

当然，以上讨论的措施并不是全部。要解决工资不平等，我们有必要重新回顾此前《全球工资报告》所呼吁的内容。《全球工资报告》每两年出版一次，在以往的报告中我们研究了工资、家庭收入与更广泛的不平等之间的关系，并探索了性别、移民身份与非正式经济对于工资和不平等的影响。报告通过实证表明，工资发展趋势和就业机会对家庭收入不平等有着重要影响。这说明，在通过教育、累进税制、转移支付等方式减少收入不平等的努力之外，还需要促进体面工作的政策。最新的世界银行报告也得出了相似的结论，强调“劳动力市场在通过增加就业机会和工资将经济增长转化为减少不平等的重要性”（World Bank，2016，p. 2）。因为在以往的《全球工资报告》中所提及的政策领域现在仍然具有相关性，我们在此简要叙述其中的一些内容。

14.1 财政政策：税收和转移支付

采取以税收和转移支付为表现形式的财政政策来应对总体收入不平等（ILO，2015a，p. 63－64）。在许多发达经济体，近年来税收制度的累进性降低，扩大了劳动力市场的不平等。针对企业和个人避税行为以及低收入家庭税收减免的改革可以在一定程度上恢复税收制度的累进性。最近，在很多国家的政策辩论中，避税成为一项重要议题，说明也许现在正是改革的好时机。同时，应用转移支付的财政政策来解决不平等也很必要。转移支付能够对低收入家庭进行有效补贴，不管是通过直接的现金补助，还是通过提供公共就业机会、就业保障以及食品补助和生产投入补助。公共养老金、教育和医疗卫生服务也是当下和未来减少不平等的有力途径（ILO，2014b）。

累进所得税的大幅提高有时可以成为降低高管薪酬的方式，打击CEO要求超过阈值的薪酬的积极性。目前，避税的策略有很多，例如异地设置办事处，或者钻国家税法体系的空子。然而，公众对于最近揭露高管薪酬和避税的认知和应对降低了这些策略的可行性。为了实现减少不平等的社会目标，也应该对资本收益和企业活动的税收情况进行审查。其中一项值得探索的措施是对公司支付超过阈值的工资（比如最低工资的一定倍数）的课税减免设置下限，使得公众不会因为过高的薪酬被转嫁到普通纳税人身上而承担压力。这些通过税收解决企业高薪的途径表明了税收政策的复杂性，以及经常为部分人提供特权而导致不平等升级的现行政策的相互作用。

14.2 间接影响工资与工资分配的政策

间接影响工资与工资分配的政策，能够帮助人们更全面地解决不平等问题。这些政策包括素质教育、提高劳动力技能并促进应聘者与招聘者之间更好的匹配的持续性项目，也包括解决通常出现在非标准形式工作（尤其是临时工与临时机构工作者）上的工资差异。标准工作和非标准工作的工资差距在很多工业化国家日益拉大，而在发展中国家，原本由标准工作主导的劳动力市场也出现非标准工作抬头的趋势。应当将标准工作中劳动者享有的就业保障措施拓展至非标准就业群体，并落实不同类型雇佣协议中的保障机制。这会推动劳动者平等待遇原则的实施，避免因职业地位产生的歧视，减少间接的性别歧视，确保用人单位不会仅出于降低劳动成本（包括削减工资支出、对恶劣工作环境不加以改善）的原因而雇用非标准形式的劳动者（ILO，2016b）。

当政府和社会参与者在讨论应对日益加剧的不平等的措施时，需要牢记的重要一点是，劳动力市场和企业中快速加剧的不平等对通过税收和转移支付解决不平等的努力造成了更大的负担。此时，很多国家税收制度的累进性下降，政府收税的能力受到避税和跨境利润转移策略的挑战。这说明只有通过建立强健的劳动力市场、实施对工资不平等产生直接影响的社会政策，以及采取劳动力市场之外的再分配措施，不平等问题才能得到有效解决。很显然，在各个层面执行工资政策时，需要采取更有力的和有决心的行动，以确保所有人公平地分享发展成果。

附录一

全球工资趋势：方法论

此前的《全球工资报告》中，估算全球和区域工资趋势的方法由ILO包容性劳动力市场、劳动关系和工作条件司（INWORK）[23]合作完成，并随后由ILO顾问和四位独立专家进行三次评审后确立的。[24]本附录中所述的方法论即为经过此过程后而采纳的结果。

概念和定义

根据国际就业地位分类（ICSE－93），“雇员”是指拥有“有偿工作”的劳动者，也就是说他们的基本劳动报酬不直接取决于雇主的收入。雇员包括全职雇员、兼职劳动者、临时工、外包工人、季节性工人和其他类型的有偿工作的劳动者（ILO，1993）。

随着各经济体的经济发展，成为工资雇员（wage employee）的劳动者的比例在不断上升：这是因为个体劳动者在成为工资雇员后往往会找到更好的机会。经济发展也提高了女性的劳动参与率。其结果是，工资趋势对全世界越来越多的劳动者产生影响。同时，并不是所有劳动者都是有偿雇员，尤其是在发展中国家，存在许多个体经营者或受雇于家族企业的劳动者。他们的收入来源于工作而非雇主的工资。

图A1显示了过去20年来，有偿雇员（或工资雇员）的比例增长了约10个百分点，从1995年的41.8%增长至2015年的51.6%。在发达国家，个体劳动者的比例相对较低，而女性的劳动参与率较高，在观测期内工资雇员相对就业人口的比例保持稳定和较高水平。因此，全球增长主要受到新兴和发展中国家的驱动，自1995年以来的20年间，其工资雇员增长了13个百分点（从29.9%增至42.9%）。

“工资”一词指的是薪酬总额，包括劳动者在指定的工作和非工作时间内所得的经常性奖金，包括带薪年假和病假。这在本质上与“现金薪酬总额”的概念相符，是与有偿就业相关的收入的重要组成部分（ILO，1998），但不包括雇主缴纳的社会保险。

在此语境中，工资指的是雇员实际平均月工资。在任何可能的情况下，我们收集适用于所有雇员的数据（而不是其中的一个子项，例如制造业的雇员或全职雇员）。[25]为了反映不同时期物价变动的影响，工资的测算扣除了物价因素，例如名义工资数据根据各自国家的消费者物价通货膨胀进行调整。[26]实际工资增长是指所有雇员实际平均月工资的年度同比变化。

图 A1　1995—2015 年有偿雇员占总就业人口的比例

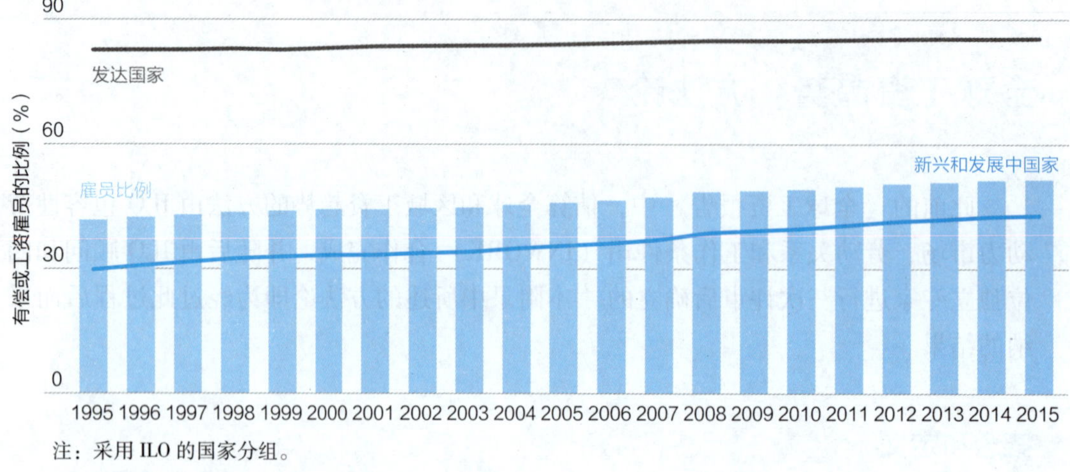

注：采用 ILO 的国家分组。

资料来源：ILO，2015c。

专栏 A1　什么是工资？

在任何可能的情况下，本报告中的工资都根据 ILO 第 12 届国际劳工统计学家会议采纳的收入定义（ILO，1973），包括：

（1）对于工作时间或完成工作的直接工资和薪金，包括（i）计时工的工时工资；（ii）计时工的奖励工资；（iii）计件工人的收入（不包括加班工资）；（iv）超时、轮班、夜班和节假日工作的加班工资；（v）销售和其他人员的佣金。包括：工龄和特长奖金；地理区域差异；责任保险费；脏、危险和不适的岗位津贴；工资保障制度下的薪资；生活津贴等。

（2）非工时薪酬，包括：相关公共假日、年假和其他雇主批准的请假时间的直接薪酬。

（3）奖金和酬金，包括：季节性和年终奖金；休假期间的额外薪酬（除正常薪酬外）；以及利润分红。收入包括现金和实物收入，不过两者应该互相区分。

其他还包括一些更为广泛的相关概念。例如，人工成本包括收入和其他因素，如饮食、燃油和其他实物支出，以及雇主承担的雇员住房成本；雇主的社会保险支出；职业培训支出；福利服务支出（例如，食堂、娱乐设施等）；其他未归类的人工成本（例如，工作服的支出）；被视为劳动成本的税金（例如，雇佣税或工薪税）。关于以上内容的详细阐述，请见 ILO，1966。

资料来源：ILO，1973。

普查法

用于全球和区域预测的方法论是无应答普查法。目的是找到所有国家的工资数据，在完全无应答的情况下开发出明确的处理方式（见以下“完全无应答处理”一节）。我们尝试收集了 191 个国家和地区的工资数据，将其分为 6 个不同的区域。[27]为了更好地对比区域就业趋势，我们的区域分组与 ILO“全球就业趋势模型”（GET 模型）相一致（见附录二 2，表 A2 和表 A3）。表 A4 与 A5 显示了全球与区域覆盖率（见附录三）。

项目无应答处理

在我们搜集数据的一些国家中，由于一些年份的数据缺失，导致统计数列并不完整。表 A5 提供了从 2007 年至 2015 年的每年的信息。正如所料，随着年份的临近，数据的完整性也在下降，因为一些统计机构正在对这些数据进行处理。

不过，西欧和中亚的一些发达经济体近几年的数据比较完整，而其他地区的情况确比较差，比如阿拉伯国家和非洲。因此，当区域增长率基于的数据范围低于 100% 时，就会被标记为“临时估算”，表明可能还会随着数据的更新而进行修改。

为了处理这种项目无应答情况（如，我们收集数据的国家间的差距），应用基于模型的框架预测缺失值。[28]这对于维持应答国家的集合保持长期不变，并且避免不稳定样本所造成的不良影响是必要的。根据缺失数据点，还会采取一些其他的补充措施；在《2010/2011 年全球工资报告》附录一中有详细记录（ILO，2010a）。

完全无应答处理

应答加权

为了适应完全无应答情况（当给定国家没有任何关于工资的时间序列数据），我们将之作为一个取样问题，应用“设计框架”加以处理。因为无应答国家的工资特征可能不同于其他应答国家，可能造成最终预测出现偏差。为了减少无应答的不良影响，标准的方法是计算不同国家的应答倾向，然后按照应答倾向的倒数对应答国家进行加权。[29]这表明无应答国家不会带来不利影响。

在此框架下，每个国家的应答概率为 φ_j，并且假设每个国家都会单独做出应答（泊松抽样设计）。根据应答概率 φ_j，可以预测任何变量 y_j的总数 Y：

$$Y = \sum_{j \in U} y_j \tag{1}$$

通过估计量

$$\hat{Y} = \sum_{j \in R} \frac{y_j}{\phi_j} \tag{2}$$

其中 U 为统计总体，R 为应答国家的集合。如果假设为真，则此估计量是无偏估计量（见 Tillé，2001）。此处，U 是表 A2 中所列的所有国家和地区，R 是可以找到时间序列工资数据的“应答”国家。

然而，难点在于国家 j 的应答倾向 φ_j 通常是未知的，本身就需要测算。关于估算应答倾向的方法有很多（见 Tillé，2001）。此处，应答倾向通过将给定国家的应答或无应答与其从业人员数量和劳动生产率相关联（或用 2007 年以 PPP 美元表示的就业人口人均 GDP）。所基于的观察表明，富裕大国的工资数据比贫穷小国的更容易获取。使用就业人员数量和劳动生产率是因为这些变量也用于校准和规模加权（见下文）。[30]

为此，我们测算了如下固定效应逻辑回归测算：

$$概率（应答）= \Lambda\left(\alpha_h + \beta_1 x_{j\,2007} + \beta_2 n_{j\,2007}\right) \tag{3}$$

其中，$x_{j\,2007}$ 是 2007 年国家 j 的以 PPP 美元表示的就业人口人均 GDP 的对数，$n_{j\,2007}$ 是 2007 年就业人员数量的对数，Λ 表示逻辑累积分布函数（CDF）。[31] 选择 2007 年是因为这是 1999 年和 2015 年的中点。固定效应 α_h 是每个数据不完整地区（亚洲和太平洋地区、拉丁美洲和加勒比地区、阿拉伯国家、非洲）的虚拟变量，而两个数据完整的地区则作为基准组不再提及。本式回归了 $N = 191$ 例，假设值 $R^2 = 0.399$。这一估计参数用于计算国家 j 的应答倾向 φ_j。

国家 j 的应答权数 Φ_j 则是国家应答倾向的倒数：

$$\phi_j = \frac{1}{\varphi_j} \tag{4}$$

校准系数

最终调整过程通常称之为校准（Särndal and Deville，1992），是为了确保估算数据与已知数据的一致性，以及不同地区在最终全球估算中的正确体现。在本文中，校准需考虑在给定年份 t 中的单变量“雇员数量” n。在以下示例中，校准系数 γ_{jt} 为：

$$\gamma_{jt} = \frac{n_{ht}}{\hat{n}_{ht}}，\ j \in h \tag{5}$$

其中 h 代表国家 j 所属的区域，n_{ht} 是该区域在年份 t 中已知的雇员数量，而 $\hat{n}_{ht}$ 是同年区域中预计的雇员总数，作为未校准权重和各区域中应答国家的就业数据的总和。[32]

由此计算出的 2015 年的校准系数为 1.00（欧洲和中亚）、0.98（亚洲与太平洋地区）、0.99（美洲）、1.16（非洲）和 1.14（阿拉伯国家）。所有校准系数均等于或约等于 1，表明估计值 $\hat{n}_{ht}$ 已经与各区域的已知雇员数量 n_{ht} 非常接近。鉴于校准过程每年都会重新进行，全球预测中各区域的权重也会随着时间与其在全球工资总额中所占的比重而变化。

校准应答权重

校准应答权重 ϕ'_{jt}，是应答权重与校准系数的乘积：

$$\phi'_{jt} = \phi_j \times \gamma_{jt} \tag{6}$$

根据校准应答权重得出的区域雇员估计数量与给定年份中该区域的已知雇员总数相等。因此，校准应答权重根据无应答区域之间的不同进行调整。对于所有国家工资数据都可获得的区域（发达经济体；东欧和中亚），校准应答权重为1。小国和劳动生产率较低的国家的校准应答权重大于1，因为在应答国家中它们的代表人数不足。

全球和区域趋势预测

在考虑全球（或区域）工资趋势时，一种直观的方式就是观察全球（或区域）平均工资的发展。这也与其他为人熟知的测算方法一致，例如区域人均 GDP 增长（由世界银行发布）或劳动生产率的变化（或平均就业人员 GDP）。

在时间点 t 的全球平均工资$\overline{y_t}$等于各国工资总额除以全球就业人员总数：

$$\overline{y_t} = \frac{\sum_j n_{jt} \times \overline{y_{jt}}}{\sum_j n_{jt}} \tag{7}$$

其中，n_{jt}是国家 j 中的就业人数，$\overline{y_{jt}}$是在时间点 t 时国家 j 相应的就业人员的平均工资。

重复这一过程，也可通过紧缩工资$\overline{y^*_{jt+1}}$和就业人员数量 n_{t+1}获得下一时间段 $t+1$ 的$\overline{y^*_{t+1}}$。然后便可直接计算全球平均工资 r 的增长率。

不过，尽管这是一种预测全球工资趋势的有趣的方式，但是它也包含了一些我们现今无法解决的困难。尤其是公式（7）中的各国工资总额，需要将其转换为通用货币，例如以 PPP 美元。这一转换可以使得预测能够即时感知到购买力平价转换系数的修正。同时需要协调各国国家工资统计数据为工资这一单一概念，以确保数据具有严格的可比性。[33]

更重要的是，国家间雇员比例变化而产生的结构效应也会对全球平均工资的变化产生影响。例如，如果工资较高的国家中工资雇员数量下降，而在大小相似且工资水平较低的国家中工资雇员数量上升（或持平），则会导致全球平均工资下降（各国工资水平保持不变）。这一影响使得全球平均工资难以解读，因为需要区分哪些是由国家平均工资的变化引起的，哪些是由于结构效应的变化引起的。

因此，我们更优先考虑另一个参数来计算全球工资趋势，既能保留以上概念的直观性，又避免了实际操作中面临的挑战。为了避免不同的解读，我们也希望排除因为世界就业人口构成的变化而产生的影响。我们因此避免了可能由于低工资水平国家就业变化而造成的全球平均工资下降的统计假象（即使国内工资实际在上涨）。

当每个国家的就业人数保持不变时，全球工资增长率可以用各国工资增长率加权平均数表达：

$$r_t = \sum_j w_{jt} \times r_{jt} \tag{8}$$

其中，r_{jt}是国家 j 在时间点 t 的工资增长，该国的权重 w_{jt}是国家 j 在全球工资总额中所占的比重：

$$w_{jt} = n_{jt} \times \bar{y}_{jt} / \sum_j n_{jt} \times \bar{y}_{jt} \tag{9}$$

尽管我们从 ILO “全球就业趋势模型” 中得到了所有国家和相关时间点的就业人数 n_{jt}的数据，我们却不能直接计算公式（9），因为我们的工资数据不是用同一货币单位表达的。然而，我们可以再次根据标准经济理论，认为全国平均工资与其劳动生产率的变化大致保持一致。[34] 因此我们可以估算 $\bar{y}_j$ 是劳动生产率的固定比例 LP：

$$\hat{\bar{y}}_{jt} = \alpha \times LP_{jt} \tag{10}$$

其中，α 是工资与劳动生产率的平均比率。我们由此可以测算出权重：

$$\hat{w}_{jt} = n_{jt} \times \alpha \times LP_{jt} \Big/ \sum_j n_{jt} \times \alpha \times LP_{jt} \tag{11}$$

等于

$$\hat{w}_{jt} = n_{jt} \times LP_{jt} \Big/ \sum_j n_{jt} \times LP_{jt} \tag{12}$$

用 $\hat{w}_{jt}$取代 w_{jt}，并从方程式（8）中引入校准应答权重 ϕ'_j，得到用于预测全球工资增长的最终方程式：

$$r_t = \frac{\sum_j \varphi'_t \times \hat{w}_{jt} \times r_{jt}}{\sum_j \varphi'_j \times \hat{w}_{jt}} \tag{13}$$

以及区域工资增长：

$$r_{ht} = \frac{\sum_j \varphi'_j \times \hat{w}_{jt} \times r_{jt}}{\sum_j \varphi'_j \times \hat{w}_{jt}}, j\epsilon h \tag{13'}$$

其中，h 是国家 j 所属的区域。从方程式（13）和（13′）中可以看出，全球和区域工资增长率是各国工资趋势的加权平均数，其中 ϕ'_j 根据各国间应答倾向的差异进行校准。

不同年份的《全球工作报告》中全球和区域估算的差异

自 2010 年起公布的区域和全球工资增长预测使用的是以上所列出的方法，但已对历史预测进行了微调。这些修正在一些区域会更为细微，比如发达经济体、东欧和中亚地区，在另一些地区则更为显著和频繁。区域预测修正可通过一些参数进行阐释，简要概括如下。

• **工资数据收集调查改进和修正。**对现有工资数据和调查的改进和修正时有发生，可能包括地理范围的变化（如从城市到全国）、产业的变化（如从制造业到所有产业）、就业人员范围的变化（如，从只有全职雇员到全部雇员）等等。这些变化会影响工资的增长，也有可能影响区域预测值。

• **例外。**在拉丁美洲，从2012年起将阿根廷排除在《全球工资报告》（ILO，2012a）之外，因为在其工资序列中识别出了矛盾性。

• **无应答和应答国家中新数据的可用性。**尤其是在新兴和发展中经济体，经常在处理数据和/或公共可用性时有所延迟。有新旧数据可用时，便会加入区域预测中。

• **其他计算预测数据来源修正。**随着时间的推移，居民消费价格指数、总就业、雇员总数和劳动生产率也会影响区域和国家预测值。

表A1　2013—2015年各国名义工资与实际工资增长

名义工资

非洲

国家	货币	2013年	2014年	2015年	来源
阿尔及利亚	阿尔及利亚第纳尔	36 104	37 826		阿尔及利亚国家统计局
贝宁	非洲金融共同体法郎			46 596	国家经济分析与统计局
博茨瓦纳	普拉	5 009			博茨瓦纳中央统计局
埃及	埃及镑	3 298	3 493		埃及中央公共动员与统计局*
肯尼亚	肯尼亚先令	42 886	46 095	50 355	肯尼亚国家统计局
莱索托	洛蒂	1 590	1 701	2 145	莱索托统计局
毛里求斯	毛里求斯卢比	23 785	24 607	25 933	毛里求斯中央统计局
南非	兰特		15 959	17 034	南非统计局
坦桑尼亚	坦桑尼亚先令	380 553	400 714		坦桑尼亚国家统计局
乌干达	乌干达先令	491 000			乌干达统计局
赞比亚	克瓦查		2 344 000		赞比亚中央统计局

*工资调查范围仅限全职雇员。

阿拉伯国家

国家和地区	货币	2013年	2014年	2015年	来源
巴林	巴林第纳尔	278	288	293	巴林王国劳动力市场管理局
约旦	约旦第纳尔	463	463		约旦统计部
科威特	科威特第纳尔	647			科威特中央统计局
阿曼	阿曼里亚尔	378			阿曼国家经济部
卡塔尔	卡塔尔里亚尔	9 667	10 483	10 568	卡塔尔统计局
约旦河西岸和加沙地带	以色列新谢克尔	1 744	1 805	1 803	巴勒斯坦中央统计局

美洲

国家	货币	2013年	2014年	2015年	来源
巴西	巴西雷亚尔	1 891	2 062	2 174	巴西地理与统计局
加拿大	加拿大元	3 949	4 053	4 126	加拿大统计局
哥斯达黎加	哥斯达黎加科朗	531 926	568 158	579 249	哥斯达黎加中央银行
古巴	古巴比索	471	584		古巴国家统计局
多米尼加	多米尼加比索	13 538	13 661	15 309	国家统计局
厄瓜多尔	美元	573	585		国际劳工组织信息系统与劳动力分析机构
萨尔瓦多	美元	302	298		经济、统计与人口普查局
危地马拉	危地马拉格查尔	2 026	2 184	2 186	危地马拉国家统计局
洪都拉斯	洪都拉斯伦皮拉		6 577		洪都拉斯国家统计局
牙买加	牙买加元	81 408	82 740	83 784	牙买加统计局
墨西哥	墨西哥比索	6 406	6 376	6 580	墨西哥国家就业服务局
尼加拉瓜	科多巴	7 463	8 147	8 714	尼加拉瓜劳工部
巴拿马	巴拿马巴波亚	987	1 042		巴拿马国家统计与人口普查局
秘鲁	新索尔	1 413			秘鲁国家统计局
波多黎各	美元	2 240	2 258	2 288	美国劳工统计局
美国	美元	3 577	3 662	3 746	美国劳工统计局

亚洲和太平洋地区

国家和地区	货币	2013年	2014年	2015年	来源
澳大利亚	澳元	4 808	4 879	4 946	澳大利亚统计局
柬埔寨	柬埔寨瑞尔	505 186	642 000		国家统计局
中国	人民币	4 290	4 697	5 169	中国国家统计局
中国香港	港元	13 807	14 240	14 848	香港特别行政区政府统计处*
印度	印度卢比	9 194			印度统计和计划执行部
印度尼西亚	印尼盾	1 917 152	1 952 589	2 069 306	印度尼西亚统计局
伊朗	伊朗里亚尔	5 110 000			伊朗统计中心
日本	日元	324 000	329 600	333 300	日本厚生劳动省
韩国	韩元	3 110 992	3 189 995	3 300 091	韩国劳动部
中国澳门	澳门元	12 145	13 145	13 805	澳门特别行政区政府统计暨普查局
马来西亚	马来西亚令吉	2 659	2 775	2 947	马来西亚统计局
蒙古	图格里克		796 600	852 675	蒙古国家统计局
新西兰	新西兰元	4 169	4 294	4 424	新西兰统计局
巴基斯坦	巴基斯坦卢布	12 118	13 155	14 971	巴基斯坦政府统计局
菲律宾	菲律宾比索	9 107	9 582	10 113	菲律宾国家统计局
新加坡	新加坡元	4 622	4 727	4 892	新加坡统计局
中国台湾	新台币	45 664	47 300	48 490	台湾统计部门
泰国	泰铢	12 003	13 244	13 487	泰国国家统计局
越南	越南盾	4 120 000	4 473 000	4 716 000	越南国家统计局

*工资调查范围仅限全职雇员。

欧洲和中亚

国家	货币	2013 年	2014 年	2015 年	来源
阿尔巴尼亚	列克	36 993	37 323		阿尔巴尼亚国家统计局
亚美尼亚	德拉姆	146 524	158 580	171 615	亚美尼亚国家统计局
奥地利	欧元	3 350	3 420		奥地利统计局
阿塞拜疆	阿塞拜疆马纳特	425	445	466	阿塞拜疆国家统计委员会
白俄罗斯	白俄罗斯卢布	5 061 418	6 052 367	6 714 997	白俄罗斯共和国统计局
比利时	欧元	2 974	307		比利时经济事务部
波斯尼亚和黑塞哥维那	波黑可兑换马克	1 291	1 290	1 289	波斯尼亚和黑塞哥维那统计局
保加利亚	列弗	775	822	894	保加利亚国家统计局
克罗地亚	库纳	7 926	7 951		克罗地亚中央统计局
塞浦路斯	欧元	1 945	1 892	1 878	塞浦路斯统计局
捷克	捷克克朗	26 211	26 802	27 811	捷克统计局
丹麦	丹麦克朗	38 525	38 958	39 575	丹麦统计局
爱沙尼亚	欧元	949	1 005	1 065	爱沙尼亚统计局
芬兰	欧元	3 284	3 308	3 333	芬兰统计局
法国	欧元	2 829			法国国家统计与经济研究所
格鲁吉亚	拉里	773	818		格鲁吉亚国家统计局
德国	欧元	2 575	2 645	2 722	德国联邦统计局
匈牙利	福林	230 714	237 695	247 784	匈牙利中央统计局
冰岛	冰岛克朗	398 000	415 000		冰岛统计局
爱尔兰	欧元	2 986	2 981	3 037	爱尔兰中央统计局
以色列	新谢克尔	9 030	9 317		以色列中央统计局
意大利	欧元	2 140	2 149	2 173	意大利国家统计局
吉尔吉斯斯坦	索姆	11 341	12 285		吉尔吉斯斯坦国家统计委员会
拉脱维亚	欧元	716	765	818	拉脱维亚统计局
立陶宛	欧元	646	677	714	立陶宛统计局
卢森堡	欧元	4 508	4 619		卢森堡国家统计与经济研究所
马耳他	欧元	1 321	1 341	1 380	马耳他国家统计局
摩尔多瓦	摩尔多瓦列伊	3 674	4 090		摩尔多瓦国家统计局
黑山	欧元	726	723		黑山统计局
荷兰	欧元	2 337	2 359	2 405	荷兰统计局
挪威	挪威克朗	41 000	42 300	43 400	挪威统计局
波兰	兹罗提	3 659	3 777	3 900	波兰中央统计局

欧洲和中亚（续）

国家	货币	2013 年	2014 年	2015 年	来源
葡萄牙	欧元	1 093	1 092		劳动和社会团结部战略规划办公室
罗马尼亚	罗马尼亚列伊	2 163	2 328		罗马尼亚国家统计局
俄罗斯	俄罗斯卢布	29 792	32 495	33 981	俄罗斯联邦统计局
塞尔维亚	塞尔维亚第纳尔	60 708	61 426	61 145	塞尔维亚统计局
斯洛伐克	欧元	824	858	883	斯洛伐克统计局
斯洛文尼亚	欧元	1 523	1 540	1 556	斯洛文尼亚统计局*
西班牙	欧元	1 884	1 882	1 902	西班牙国家统计局
瑞典	瑞典克朗	30 600	31 400	32 000	瑞典统计局
瑞士	瑞士法郎		7 308		瑞士联邦统计局
塔吉克斯坦	索莫尼	695	816	879	塔吉克斯坦国家统计委员会
马其顿	马其顿第纳尔	31 025	31 325	32 173	马其顿国家统计局
土库曼斯坦	土库曼斯坦马纳特	1 047	1 153	1 263	土库曼斯坦国家统计委员会
乌克兰	格里夫尼亚	3 282	3 480	4 195	乌克兰国家统计委员会
英国	英镑	2 172	2 173	2 202	英国国家统计局

* 工资调查范围仅限全职雇员。

实际工资增长预测

非洲

国家	2013 年	2014 年	2015 年
阿尔及利亚	10.1	1.8	
贝宁	2.1	2.1	2.1
博茨瓦纳	-1.7		
埃及	11.0	-3.8	
肯尼亚	10.7	0.1	2.1
莱索托	3.2	2.9	20.4
毛里求斯	8.9	0.2	4.1
摩洛哥	0.3	1.7	1.5
莫桑比克	4.5	17.9	
南非	0.0	-0.3	2.2
坦桑尼亚	-1.1	-0.8	
突尼斯	0.3	0.6	1.3
乌干达	2.0		
赞比亚	9.6	9.6	

阿拉伯国家

国家和地区	2013 年	2014 年	2015 年
巴林	4.2	0.9	-0.1
约旦	1.1	-2.8	
科威特	-7.1		
阿曼	6.7		
卡塔尔	8.3	5.0	-0.9
沙特阿拉伯	5.6	9.3	5.2
约旦河西岸和加沙地带	-0.8	1.7	-1.5

美洲

国家	2013 年	2014 年	2015 年
玻利维亚	1.1	1.6	
巴西	1.9	2.7	-3.7
加拿大	0.8	0.7	0.7
智利	3.9	1.8	1.8
哥伦比亚	2.6	0.5	1.2
哥斯达黎加	1.6	2.2	1.1
多米尼加	10.6	-2.0	11.1
厄瓜多尔	8.8	-1.4	-0.5
萨尔瓦多	7.6	-2.4	
危地马拉	3.3	4.2	-2.2
洪都拉斯	2.4	2.4	
牙买加	-5.3	-6.1	-3.3
墨西哥	-0.6	-4.3	0.5
尼加拉瓜	-0.4	3.0	2.8
巴拿马	16.1	2.9	
巴拉圭	2.3	0.2	1.5
秘鲁	0.4	2.5	
波多黎各	-1.2	0.2	2.1
美国*	0.4	0.7	2.2
乌拉圭	3.0	3.4	1.6
委内瑞拉	-5.0		

* 美国数据基于 BLS CEU0500000012。

亚洲和太平洋地区

国家和地区	2013 年	2014 年	2015 年
澳大利亚	1.5	-1.0	-0.2
孟加拉国	6.2	2.4	2.4
柬埔寨	21.9	22.4	
中国	8.8	6.2	6.9
中国香港	-0.2	-1.2	1.2
印度*	5.2	5.7	5.4
印度尼西亚	10.1	-4.3	-0.4
伊朗	-4.7		
日本	-0.8	-1.0	0.3
韩国	2.5	1.2	2.7
中国澳门	1.5	2.1	0.4
马来西亚	4.7	1.2	4.0
蒙古	7.9	7.9	1.1
尼泊尔	-0.2	3.1	-0.3
新西兰	3.2	1.8	2.7
巴基斯坦	2.3	-0.1	8.9
菲律宾	1.6	1.0	4.1
新加坡	1.9	1.2	4.0
中国台湾	-0.6	2.4	2.8
泰国	5.8	8.3	2.8
越南	2.9	4.3	1.8

* 印度工资增长为预测值。

欧洲和中亚

国家	2013 年	2014 年	2015 年
阿尔巴尼亚	-3.8	-0.7	
亚美尼亚	-1.6	5.1	4.3
奥地利	0.0	0.6	
阿塞拜疆	3.7	3.2	1.0
白俄罗斯	16.4	1.3	-2.3
比利时	-0.6	3.0	
波斯尼亚和黑塞哥维那	0.2	0.8	1.0
保加利亚	5.6	7.7	9.9
克罗地亚	-1.4	0.5	1.8
塞浦路斯	-1.8	-1.3	
捷克	-0.7	1.9	3.4
丹麦	0.3	0.6	1.1
爱沙尼亚	3.6	5.4	5.9
芬兰	0.2	-0.5	0.9
法国	2.1	0.8	1.1
格鲁吉亚	9.1	2.7	
德国	0.5	1.9	2.8
希腊	-9.3	1.9	0.2
匈牙利	1.7	3.2	4.3
冰岛	3.8	2.2	5.4
爱尔兰	-1.2	-0.5	1.9
以色列	0.9	1.1	
意大利	-0.3	0.2	1.0
哈萨克斯坦	1.6	3.9	-2.4
吉尔吉斯斯坦	-0.8	0.7	
拉脱维亚	4.5	6.1	6.7
立陶宛	3.9	4.6	5.8
卢森堡	1.9	1.8	
马耳他	1.0	0.7	1.7
摩尔多瓦	3.7	5.9	
黑山	-2.3	0.3	
荷兰	-1.0	0.6	1.2
挪威	1.4	1.1	0.4
波兰	2.7	3.3	4.2
葡萄牙	-0.6	0.1	
罗马尼亚	0.8	6.4	
俄罗斯	4.8	1.2	-9.5
塞尔维亚	-1.9	-1.7	-2.4
斯洛伐克	1.0	4.2	3.2
斯洛文尼亚	-2.0	0.9	1.2
西班牙	-1.4	0.0	1.6
瑞典	2.5	2.8	2.0
瑞士	1.0	0.8	1.5
塔吉克斯坦	19.1	10.7	7.7
前南马其顿	-1.6	1.1	3.0
土耳其	6.4	6.1	5.6
土库曼斯坦	3.9	3.9	3.9
乌克兰	8.2	-6.5	-20.2
英国	-0.5	-1.4	1.3

附录二

国际劳工组织的区域划分

2015 年，国际劳工组织的区域划分变化见表 A3（旧的划分）和表 A2（新的划分）。本报告在第一部分中的所有测算采用的是新的区域划分。

表 A2　国际劳工组织新的区域划分

区域	次区域	国家和地区
非洲	北非	阿尔及利亚、埃及、*利比亚*、摩洛哥、*苏丹*、突尼斯
	撒哈拉以南非洲	安哥拉、贝宁、博茨瓦纳、*布基纳法索*、布隆迪、*喀麦隆*、*佛得角*、*中非共和国*、*乍得*、*科摩罗*、刚果、*科特迪瓦*、刚果民主共和国、*赤道几内亚*、*厄立特里亚*、埃塞俄比亚、加蓬、*冈比亚*、*加纳*、*几内亚*、*几内亚比绍*、肯尼亚、莱索托、*利比里亚*、马达加斯加、马拉维、*马里*、*毛里塔尼亚*、毛里求斯、莫桑比克、*纳米比亚*、*尼日尔*、*尼日利亚*、留尼旺、*卢旺达*、塞内加尔、*塞拉利昂*、*索马里*、南非、*苏丹*、斯威士兰、坦桑尼亚、*多哥*、乌干达、赞比亚、津巴布韦
美洲	拉丁美洲和加勒比地区	*阿根廷*、*巴哈马*、*巴巴多斯*、*伯利兹*、玻利维亚、巴西、智利、哥伦比亚、哥斯达黎加、*古巴*、多米尼加、厄瓜多尔、萨尔瓦多、瓜德罗普、危地马拉、圭亚那、*海地*、洪都拉斯、牙买加、马提尼克、墨西哥、*荷属安的列斯群岛*、尼加拉瓜、巴拿马、巴拉圭、秘鲁、波多黎各、*苏里南*、*特立尼达和多巴哥*、乌拉圭、委内瑞拉
	北美洲	美国、加拿大
阿拉伯国家	阿拉伯国家	巴林、*伊拉克*、约旦、科威特、*黎巴嫩*、阿曼、卡塔尔、沙特阿拉伯、叙利亚、阿联酋、约旦河西岸和加沙地带、*也门*
亚洲和太平洋地区	东亚	中国、中国香港、日本、*朝鲜*、韩国、中国澳门、蒙古、中国台湾
	东南亚和太平洋地区	澳大利亚、文莱、柬埔寨、斐济、印度尼西亚、*老挝*、马来西亚、缅甸、新西兰、*巴布亚新几内亚*、菲律宾、新加坡、*所罗门群岛*、泰国、*东帝汶*、越南
	南亚	*阿富汗*、孟加拉国、*不丹*、印度、伊朗、马尔代夫、尼泊尔、巴基斯坦、斯里兰卡
欧洲和中亚	北欧、南欧和西欧	阿尔巴尼亚、奥地利、比利时、波斯尼亚和黑塞哥维那、克罗地亚、丹麦、爱沙尼亚、芬兰、法国、德国、希腊、冰岛、爱尔兰、意大利、拉脱维亚、立陶宛、卢森堡、马耳他、黑山、荷兰、挪威、葡萄牙、塞尔维亚、斯洛文尼亚、西班牙、瑞典、瑞士、前南马其顿、英国
	东欧	白俄罗斯、保加利亚、捷克、匈牙利、波兰、摩尔多瓦、罗马尼亚、俄罗斯、斯洛伐克、乌克兰
	中亚和西亚	亚美尼亚、阿塞拜疆、塞浦路斯、格鲁吉亚、以色列、哈萨克斯坦、吉尔吉斯斯坦、塔吉克斯坦、土耳其、土库曼斯坦、乌兹别克斯坦

注：因为信息缺失或不可靠，本报告第一部分中不包含表中用斜体标注的国家。

表 A3　国际劳工组织旧的区域划分

区域	国家和地区
发达经济体	澳大利亚、奥地利、比利时、保加利亚、加拿大、塞浦路斯、捷克、丹麦、爱沙尼亚、芬兰、法国、德国、希腊、匈牙利、冰岛、爱尔兰、以色列、意大利、日本、拉脱维亚、立陶宛、卢森堡、马耳他、荷兰、新西兰、挪威、波兰、葡萄牙、罗马尼亚、斯洛伐克、斯洛文尼亚、西班牙、瑞典、瑞士、英国、美国
东欧和中亚	阿尔巴尼亚、亚美尼亚、阿塞拜疆、白俄罗斯、波斯尼亚和黑塞哥维那、克罗地亚、格鲁吉亚、哈萨克斯坦、吉尔吉斯斯坦、摩尔多瓦、黑山、俄罗斯、塞尔维亚、塔吉克斯坦、前南马其顿、土耳其、土库曼斯坦、乌克兰、乌兹别克斯坦
亚洲和太平洋地区	阿富汗、孟加拉国、不丹、文莱、柬埔寨、中国、斐济、中国香港、印度、印度尼西亚、伊朗、朝鲜、韩国、老挝、中国澳门、马来西亚、马尔代夫、蒙古、缅甸、尼泊尔、巴基斯坦、巴布亚新几内亚、菲律宾、新加坡、所罗门群岛、斯里兰卡、泰国、东帝汶、越南
拉丁美洲和加勒比地区	阿根廷、巴哈马、巴巴多斯、伯利兹、玻利维亚、巴西、智利、哥伦比亚、哥斯达黎加、古巴、多米尼加、厄瓜多尔、萨尔瓦多、瓜德罗普、危地马拉、圭亚那、海地、洪都拉斯、牙买加、马提尼克、墨西哥、荷属安的列斯群岛、尼加拉瓜、巴拿马、巴拉圭、秘鲁、波多黎各、苏里南、特立尼达和多巴哥、乌拉圭、委内瑞拉
中东	巴林、伊拉克、约旦、科威特、黎巴嫩、阿曼、卡塔尔、沙特阿拉伯、叙利亚、阿联酋、约旦河西岸和加沙地带、也门
非洲	阿尔及利亚、安哥拉、贝宁、博茨瓦纳、布基纳法索、布隆迪、喀麦隆、佛得角、中非共和国、乍得、科摩罗、刚果、科特迪瓦、刚果民主共和国、埃及、赤道几内亚、厄立特里亚、埃塞俄比亚、加蓬、冈比亚、加纳、几内亚、几内亚比绍、肯尼亚、莱索托、利比里亚、利比亚、马达加斯加、马拉维、马里、毛里塔尼亚、毛里求斯、摩洛哥、莫桑比克、纳米比亚、尼日尔、尼日利亚、留尼旺、卢旺达、塞内加尔、塞拉利昂、索马里、南非、苏丹、斯威士兰、坦桑尼亚、多哥、突尼斯、乌干达、赞比亚、津巴布韦

附录三

按区域划分的国家和地区覆盖率和全球预测

表 A4　2015 年全球工资数据库覆盖率（百分比）

区域组别	国家和地区覆盖率	就业覆盖率	工资总额覆盖率近似值
非洲	46.3	63.6	71.9
美洲	68.6	97.9	98.9
阿拉伯国家	75.0	74.4	89.4
亚洲和太平洋地区	64.1	98.9	99.7
欧洲和中亚	98.0	100.0	100.0
全球	69.6	95.4	97.9

注：国家和地区覆盖率表示区域中收集到工资数据的国家和地区数量与所有国家和地区的百分比；就业覆盖率是指区域中可获得数据的国家和地区中的雇员数量与所有国家和地区的雇员总数的百分比（截至 2015 年）。工资总额覆盖率近似值基于各国和地区工资水平与劳动生产率同向变化的假设前提进行的预测（即截至 2015 年就业人员的人均 GDP），以 2007 年 PPP 美元计。

表 A5　2007—2015 年全球工资数据库覆盖率（百分比）

区域组别	2007 年	2008 年	2009 年	2010 年	2011 年	2012 年	2013 年	2014 年	2015 年
非洲	56.0	56.2	56.3	56.7	71.4	69.9	68.4	66.6	30.9
美洲	98.6	98.6	98.5	98.5	98.8	98.8	98.8	97.3	96.0
阿拉伯国家	50.7	50.8	88.8	88.8	62.0	61.6	61.3	54.6	49.4
亚洲和太平洋地区	99.8	99.8	99.7	99.5	99.5	99.4	92.3	88.8	88.5
欧洲和中亚	99.7	99.7	99.6	99.6	100.0	100.0	99.5	99.5	92.0
全球	95.6	95.4	97.1	97.0	96.5	96.3	93.9	91.9	87.6

注：对覆盖率的预测见本书第一部分。只有当一个国家和地区的实际观测数据可以获得时，不论数据是来自一级或二级来源，才能被纳入计算范畴。国家和地区的权重根据就业人数与平均生产力的乘积所得。完整方法论见附录一。

附录四

本报告第二部分涉及的数据及所选国家和地区

本报告第二部分提供了从所选国家和地区中所得出的估算。尤其是欧洲22个经济体的数据提供了代表发达经济体的估算情况。新兴和低收入国家根据以下所述的数据可用性表示。

发达经济体数据估算

第二部分中所有反映发达经济体信息的估算都是根据欧盟统计局的欧洲收入结构调查（SES）所得。“欧洲收入结构调查”是覆盖欧盟成员国、潜在欧盟候选国和欧盟自由贸易联盟的协调匹配雇主—雇员的数据集。本报告中提供的数据覆盖了22个国家：比利时、保加利亚、塞浦路斯、捷克、爱沙尼亚、芬兰、法国、希腊、匈牙利、意大利、拉脱维亚、立陶宛、卢森堡、荷兰、挪威、波兰、葡萄牙、罗马尼亚、斯洛伐克、瑞典、西班牙和英国。

根据选择标准，这22个国家提供了110万家企业的信息，但不包括微型企业（例如，少于10名雇员的企业）。因此，此样本代表了小、中、大型企业，按照地点和经济部门划分，后者遵照NACE第二版的定义。基于这些企业的情况，22个国家中代表3.082亿名工资雇员的2240万名个人的数据为我们提供了详细的实际信息。此人群的代表性以由欧盟统计局提供的数据集中的频率加权为基础，使得样本能够代表各国工资雇员和欧洲总体工资结构。[35]数据覆盖的年份为2002年、2006年和2010年。我们利用所有这些年份的数据，以2010年为基准年将货币数量（欧元）转换为实际价值。

数据集的目的在于提供具有可比性的协调数据，包括工资与报酬之间关系、劳动力市场个人才能（工龄、教育、职业技能、工作时数、全职工作状态、合同安排与收入来源——合同、加班或奖金）和企业特征（根据NACE第二版定义的经济部门；小、中、大的规模分类；企业实际规模、企业签订的集体工资协议种类；资本控制种类——公共或私人）。

各国国家统计机构负责筛选样本、准备和实施问卷调查。各国必须向欧盟统计局提供数据（欧盟理事会条例第530/1999号），说明无应答的水平可以忽略不计，并且数据质量极高且不同国家的数据具有可比性。这在很大程度上使得我们可以无须通过置信区间解读结果就能进行估算。

鉴于数据的代表性并且数据覆盖所有14岁以上工资雇员，我们没有应用任何特别的样本选择标准。因此，所有样本点都包含在分析之中。

一个数据集可以提供工资雇员和雇主（企业）的信息，说明我们可以准确地估计各经济体（以及22 国总体上）的工资分布，以及各经济体（及22 国）企业之间的工资分布、企业之间和企业内部的工资结构（平均数与方差）。[36]

新兴和低收入经济体的数据代表估算

大多数国家都无法提供雇主—雇员匹配数据，说明我们需要借助独特的数据集来对新兴和低收入国家做出预测，这些数据与从“欧洲收入结构调查”中获得的数据具有可比性。尤其是，我们使用劳动力调查和/或家庭调查来提供基于个人角度的工资分布测算；并且采用通过定义各企业的平均工资而非个人工资——的、独立的企业层面的调查，提供了企业平均收入分布测算。现在我们对这两个数据集进行定义。

用于个人工资分布测算的劳动力调查和/或家庭调查

对于**阿根廷**，我们使用由国家人口普查和统计局（INDEC）实施的永久家庭调查（EPH），该调查包括人口统计和人口的社会经济特征，并与劳动力相关联。我们在本报告中分析的是2012 年的数据，包括31 个城市地区（aglomerados urbanos）的微观数据。

对于**巴西**，我们采用的微观数据来自两个调查：国家居住样本调查（PNAD）、就业月度调查（PME），两者均由巴西地理和统计研究所（IBGE）实施。本报告分析所用的数据为2012 年的数据。

对于**智利**，我们采用的数据来自全国社会经济特征调查（CASEN），该调查每两至三年实施一次。本报告分析所用的数据为2011 年的数据。

中国的数据来自2009 年的中国家庭收入调查（CHIP）。该调查具有全国代表性，从国家统计局（NBS）进行的一年一度的国家家庭收入调查中随机抽取样本。这些调查的目的在于预测中国农村及城市地区的工资、就业、消费和相关经济问题。

印度的分析基于国家抽样调查办公室（NSSO）实施的“就业—失业调查”（EUS）。该调查覆盖了印度所有主要地区。本报告中分析的数据来自第68 次的调查（2011 年7 月至2012 年6 月）。

印度尼西亚的数据统计基于国家劳动力调查（Survei angkatan kerja nasional，SAKERNAS），提供了计算所有与就业、工资、自营收入与家庭就业有关收入数据的基础。本报告分析所用的数据为2009 年的数据。

对于**墨西哥**，我们所采用的是全国职业与就业调查（ENEO）2014 年最后一个季度的数据。

对于**秘鲁**，我们所采用的数据来自国家家庭生存条件与贫困调查（ENAHO）。该全国性调查于1995 年起由国家统计和信息局实施。本报告分析所用的数据为2012 年的数据。

俄罗斯的分析基于俄罗斯纵向监测调查（RLMS - HSE），[37]由俄罗斯国立高等经济大学、美国北卡罗来纳大学查珀尔希尔分校卡罗来纳人口中心与俄罗斯科学院社会学研究所共同合作实施。RLMS - HSE具有全国代表性，并且由于所有定期官方调查都不包含工资和家庭收入的信息，所以该调查数据被采用。格罗德尼琴科（Gorodnichenko）及其同事得出结论认为，“RLMS似乎是检验劳动力市场表现的不平等趋势、申报收入和消费的可靠数据来源，并同以往一样存在超级富豪收入被低估和代表名性不足的情况”（Gorodnichenko，Sabirianova and Stolyarov，2010，p. 13）。相比许多有关不平等和贫困的出版物中的官方数据来源，世界银行也更倾向于RLMS（例如，World Bank，1999）。

对于**南非**，劳动力市场和家庭收入指标来自不同的数据集，因为没有一项具有全国代表性的调查能够在合适的时间段内提供有关所有变量的足够详细的信息。本报告分析所采用的数据为2013年最后一个季度的劳动力调查。

对于**乌拉圭**，本报告使用的是来自由国家统计局（INE）实施的连续家庭调查2012年的数据。

越南的数据来自2010年家庭生活水平调查（HLSS）。

用于个人工资分布测算的企业层面的调查

我们提供了智利、中国、印度尼西亚、南非和越南的测算。

智利的数据来自企业纵向调查（ELE）。这是一项代表小、中、大型企业并且涵盖智利2%正式企业的调查。数据集中包括工资和企业收益信息。我们只选用了2012年最后一个季度的数据。

中国的数据基于中国企业调查，涵盖了从制造业到公共事业的所有年度收入超过5亿元人民币的私营和国有企业。总体来说，数据集包含了91%的中国工业产值和71%的工业劳动力。我们的测算基于2012年收集的数据。

印度尼西亚的数据集来自印度尼西亚产业年度调查。该调查由印度尼西亚中央统计局实施，其抽样标准基于所选的大中型制造企业，选择的都是具有代表性的且不需要使用样本权重的样本。我们的测算基于2013年的年度数据。

南非的数据来自南非雇主调查（SESE）。这是该调查的第二轮，通过一系列针对企业的问题对在第一轮调查中作为企业所有者的家户进行追踪调查。数据包括从样本中剔除的个体经营者信息。总体来说，这份调查不一定能代表南非的企业，并且会代表可能处于非正式经济中的企业。我们使用的是2013年的年度数据。

越南的数据基于越南企业调查（VES）。这是一项由越南统计局（GSO）实施的年度企业调查。样本覆盖全国所有符合NACE分类的经济部门。我们使用的是2011年的年度数据。

附录五

方差分解

让$w_{i,j}$作为人口中在第j家企业工作的第i个个人。个人和企业由其各自的总数代表。w_j为企业$j=1$，…，J中的平均工资，$\overline{w}$是人口的平均工资（例如，$\overline{w}=1/N\sum_i\sum_j w_{i,j}$，其中$i=1$，…，$N$）。我们定义以下恒等式：

$$w_{i,j}\equiv\overline{w}+(w_j-\overline{w})+(w_{i,j}-w_j) \quad (1)$$

方程式（1）中，两边同减$\overline{w}$，并计算以下表达式方差：

$$\sum_j\sum_{i\in N(j)}(w_{i,j}-\overline{w})^2=\sum_j\sum_{i\in N(j)}(w_j-\overline{w})^2+\sum_j\sum_{i\in N(j)}(w_{i,j}-w_j)^2+\mathrm{cov}(j,i)$$

当　$\mathrm{cov}(i,j)=0$

$\Rightarrow$

$$\mathrm{var}(w_{i,j})=\sum_j\left(\frac{N(j)}{N}\right)\times(w_j-\overline{w})^2+\sum_j\left(\frac{N(j)}{N}\right)\times\sum_{i\in N(j)}\left(\frac{1}{N(j)}\right)(w_{i,j}-w_j)^2$$

$\Rightarrow$

$$\mathrm{var}(w_{i,j})=\sum_j P(j)\times(w_j-\overline{w})^2+\sum_j P(j)\times\sum_{i\in N(j)}\left(\frac{1}{N(j)}\right)(w_{i,j}-\overline{w})^2$$

$\Rightarrow$

$$\underbrace{\mathrm{var}(w_{i,j})}_{\text{个人总方差}}=\underbrace{\mathrm{var}(w_j,\overline{w})}_{\text{人口中个人与企业的离差}}+\underbrace{\sum_j P(j)\times\mathrm{var}(w_{i,j}\mid i\epsilon j)}_{\text{工资雇员总人数中各企业份额的加权企业内离差和}} \quad (2)$$ [38]

方差分解要求测算工资分布的不同地点的时薪，以及个人与企业的时薪方差。我们的数据表明，由于长尾理论，各级别的时薪变量不能正态分布，因此，我们无法将方程式（2）中的方差分解应用于时薪分布水平。图 A2 表明，该变量的自然对数呈正态分布，因此我们可以将方差分解应用于变量 ln（w），假设 $\ln(w)\sim N(\mu_w,\sigma_w^2)$，则$\hat{\mu}_w=1/n\sum\ln(w)$，且$\sigma_w^2=1/n\sum(w-\overline{w})^2$。

本报告第二部分的表 4 显示了欧元的总体方差测算；这些是基于指数分布的平均值和方差的转化，即$w\sim f(\eta,v)$，其中$\eta=e^{(\mu+0.5\sigma^2)}$，$v=e^{(2(\mu+\sigma^2))}-e^{(2\mu+\sigma^2)}$。同样的转化不能应用于其中各项的值，因为各项中$v$的分解与方程式（2）中所示的不同。

本报告第二部分中表 4 的测算显示了我们所谓的“残差”。事实上，方程式（2）中的分解没有分离出企业间方差，即没有识别$(1/J)\sum_j(w_j-\overline{w}_J)^2$，也就是

图 A2 时薪的对数正态分布情况

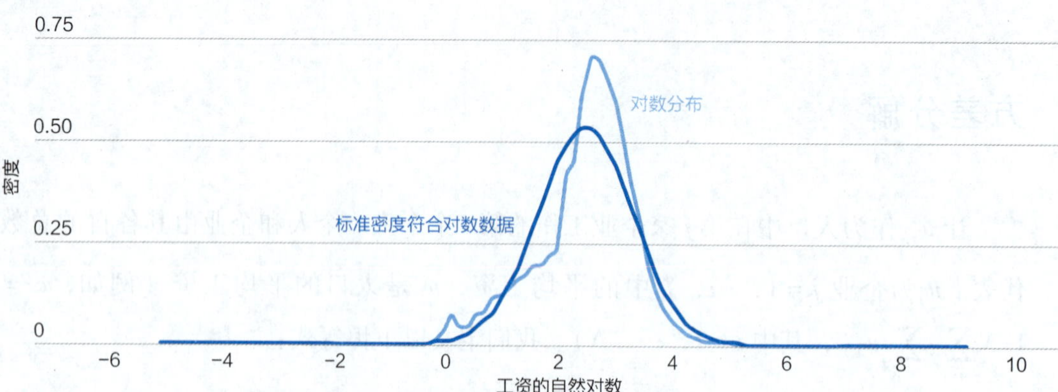

注：ILO 的估算。以上两个函数表示的是随机变量“工资”的相对可能性，在对数尺的横轴表示。“对数分布”表明了（对数）工资的基于核心的经验分布函数。标准密度符合对数数据显示正态分布符合工资自然对数的平均值和标准差的结果。

比较企业间的企业员工平均工资（w_j），例如 $\overline{w}_J = (1/J)\sum_j w_j$。这也是为什么将方程式（2）右边首项作为企业间方差的衡量是不准确的，而且与本报告第二部分的分析不一致。例如，当企业间平均工资（$\overline{w}_J$）高于个人平均工资（$\overline{w}$）——即我们预测的情况——方程式（2）中首项的使用高估了企业间方差。方程式（2）右边首项与企业间方差的实际数值之间的差异是由于企业内方差与企业间方差来自两种不同的分布，并且其界定的总数也不同（一个是企业，一个是个人）。我们希望计算这两种方差。因此，我们对方程式（2）做出调整：

$$\operatorname{var}(w_{i,j}) = (1/J)\sum_j (w_i - \overline{w}_J)^2 + \sum_j P_j\{(1/N(j))\sum_{i\epsilon j}(w_{i,j} - w_j)^2\} + \text{残差} \quad (3)$$

表 4 的第一列显示了方程式（2）左边的估算情况，其他列则显示了右边三部分的情况。

对表 4 中以欧元表示的方差可做如下解读：2010 年工资雇员中时薪的方差表明总人数中有 68% 是处于平均值 ±8 欧元的位置，或 95% 处于平均值 ±16 欧元的位置。然而，如果没有企业内工资不平等，或工资不平等程度低于预测，则总体方差将会减少 40%，因此在 68% 基准线以上的很大一部分就会落入平均值 ±8 欧元的区间中。这只是让我们对 65 欧元的值进行更深刻理解的粗近似值。标准差是 65 欧元的平方根，即 8.1 欧元。在正态分布中，68% 的人处于比平均值加/减一个标准差的位置，而 95% 处于比平均值加/减两个标准差的位置。

注释

第一部分　工资发展的主要趋势

1. 很多国家在衡量通货膨胀时存在困难；例如，在欧盟，消费者物价指数（CPI）和国民经济核算中用于居民最终消费支出的紧缩指数之间具有显著不同。这导致对消费者物价指数衡量的准确性的质疑。

2. 失业率来自 ILO《世界经济展望》数据库。

3. 平均工资被选定为 ILO 的“体面工作指标”（ILO，2012b）。

4. 二十国集团包括：阿根廷、澳大利亚、巴西、加拿大、中国、法国、德国、印度、印度尼西亚、意大利、日本、韩国、墨西哥、俄罗斯、沙特阿拉伯、南非、土耳其、英国、美国和欧盟。

5. 全球 GDP 的占比计算为：二十国集团中 19 个单独的成员国（第 20 个成员为欧盟）GDP 的总和占世界 GDP 的比重，基于国际货币基金组织（2016a）所估算的购买力平价。工资雇员总数的占比基于 ILO 的计算（2015b）。

6. 对于该区域工资增长的估算与《全球工资报告》以往年度报告中的数据相差甚远，由于该区域如今加入了亚洲发达国家，如日本和韩国。

7. 购买力平价转换因子是指在国内市场购买与在美国使用 1 美元购买的同样数量的货物和服务所需要的一国货币单位的数量。这一转换因子用于个人消费（如，居民最终消费支出）。大多数经济体的购买力平价转换因子根据 2011 年国际比较项目法（ICP）基准估算所得，或依据 2011 年国际比较项目法的统计模型的估算。对于 47 个高收入和中高等收入经济体来说，转换因子由欧盟统计局和经合组织提供。

8. 同时，由于对以上分布的压缩，标准差从 0.091 跌至 0.075：不平等程度下降的国家（尤其是拉丁美洲）为全球不平等差距的缩小做出了贡献，尽管对于全球来说，不平等水平仍在上升。

第二部分　工作中的工资不平等

9. 参见，例如 Blau 和 Kahn（2009）所著文献综述。

10. 根据 Mortensen 所述，劳动者的个性特点最多只能阐释工资变化的 30%（Mortensen，2005，Lane 在 2009 年引用）。

11. “欧洲收入结构调查”（SES）是雇主—雇员匹配调查，包含企业和雇员的详细信息。我们的数据包含 2002 年、2006 年和 2010 年的数据，尽管这不是面板数据：每年提供给定年份的横截面代表数据，但各时期的观测不能联系起来。总的来说，我们的数据提供了代表欧洲 3.082 亿名工资雇员的 2240 万个人的信息。这些雇员从调查中拥有 10 名以上工资雇员的 102 万企业中抽取。调查不包括微型企业。

12. 必须指出的是，由于受到调查方法和无应答率的影响，各国数据并不完全具有可比性。同时，构成新兴经济体数据基础的家庭调查由于高工资者在调查中不愿上报其真实工资，而导致极值的测算通常并不准确。

13. 拉齐尔 1993 年的论文（Lazear，1993）是最初探讨这一主题的文章之一，但只是基于一个企业的情况。其他后续的文章也只是研究一个企业（例如，Baker，Gibbs and Holmstrom，1994），并且直到 2004 年一些研究才开始关注在给定时间点的多个企业（例如，Lazear and Oyer，2004）。早期关于这一主题的著作基于不同国家的案例研究和不同数据集，由拉齐尔和肖编著（Lazear and Shaw，2009），现在仍然是研究选定经济体中雇员—雇主匹配数据的主要出版物之一。

14. 最大值和最小值不显示每个百分位中工资最高和最低的个人，而是在每个给定百分位中企业工资最大值和最小值的平均数。

15. 我们根据“欧盟决议第 2003/361 号”定义企业的三个类别：小型（10—49 名雇员）、中型（50—249 名雇员）和大型（250 名及以上雇员）。“欧洲收入结构调查”数据集不包含微型企业（如，少于 10 名雇员的企业）。微型企业的就业比重（在欧盟地区）并不能忽略不计，非金融行业中 29% 的工资雇员在此类企业中就职（Eurostat，2015）。各国的比重也不尽相同，南欧经济体的比重最大（如，希腊达到 40%），北欧和盎格鲁—撒克逊经济体的比重最小（如，卢森堡和英国的比例低于 20%）。然而，在我们为了更好地理解企业内部和企业间工资不平等对整体不平等水平的影响时，需要强调的一点是，企业内部不平等在微型企业中的影响必然会较少，并且将微型企业纳入考虑之中也会对企业间不平等的衡量产生影响。这对于没有包含在本报告中的未来的进一步研究而言，仍然是一个问题。

16. 参见 Song et al.，2015，有关从整体工资不平等角度审查企业内部工资不平等的方法，这是最早出版的案例之一。

17. 这些数字基于企业和个人两条线的绝对值的估算，而图 48 中所绘的是对数。对数的指数（图 48 中所绘线条的值的指数）总是与绝对值无限接近。我们更倾向于使用绝对值，因此实证阐述与无标度分布保持一致，图中的对数尺通过缩小极值间的垂直距离为我们提供了清晰的图示。

18. 我们可以估算每个企业的收入性别差距，并在同一个时薪分布的百分位范围中计算企业间的平均值。然而，这会排除掉我们只观察男性或女性雇员的企业中大约 25% 的工资雇员。在另一项研究中，我们剔除了这 25% 的数据并进行如图 53 所示的估算，而基于完整样本的结论保持不变。

第三部分 总结与结论

19. http：//g20. org. tr/wp – content/uploads/2015/11/G20 – Policy – Priorities – on – Labour – Income – Share – and – Inequalities. pdf

20. Hayter，2015。

21. 《确定最低工资公约》，1928 年（第 26 号），《确定最低工资公约》，1970

年（第131号）。

22. 见“行动、协作、转变”倡议（ACT initiative）：http：//www. ethicaltrade. org/act－initiative－living－wages。

附录一

23. 旧称为ILO工作条件与就业司（TRAVAIL）。

24. ILO委托的报告：Mehran，2010。同行评审：Tillé，2010；Jeong and Gastwirth，2010；Ahn，2010。

25. 旨在实现最大可能覆盖范围的初衷与体面工作和充足收入受到所有雇员关注的理念相一致，也考虑到统计指标应包含所有与指标相关的人员。参见ILO，2008b。

26. 根据国际货币基金组织各国的消费者物价指数（CPI）实施。当各国统计机构明确提供了实际工资序列，则以实际工资序列代替名义工资序列，平减国际货币基金组织的消费者物价指数。

27. 我们的范围包含就业信息可以在ILO“全球就业趋势模型”（GET模型）中获得的所有国家和地区，因此去除了一些对全球或区域趋势没有明确影响的小国和地区（如，梵蒂冈和海峡群岛）。

28. 这与标准调查方法论相符，通常对于项目无应答的情况使用基于模型的框架，而对于问卷无应答的情况使用基于设计的框架。

29. 对于缺失数据问题的讨论，另见ILO，2010b，p. 8。

30. 人均GDP和人口规模的替代标准会导致几乎相同的结果。

31. 就业人员数量和雇员数量的数据来自《劳动力市场关键指标》（ILO，2015b），而2005年PPP美元来自世界银行的《世界发展指标》。

32. 区域h的雇员数量预估$\hat{n}_h$等于区域内拥有工资数据的国家的雇员数量乘以未校准权重，然后计算各区域的总和。

33. 可参见如主要针对工业化国家的、由美国劳工统计局实施的“国际劳工比较项目”（http：//www. bls. gov/fls/）。鉴于我们没有比较程度而是关注各国随着时间的变化，因而对数据的要求较低。

34. 另见ILO，2008b，p. 15，以了解工资水平和人均GDP间的关联性。尽管如此，工资发展会在短期和中期内与劳动生产率的趋势相左。

附录四

35. 根据欧盟统计局的资料，我们的数据涵盖22个国家大约5亿人，其中85%左右的人口处于工作年龄，75%左右的人口在劳动力市场活动中表现活跃。因此，在运用频率加权时，数据具有相对较高的准确性和代表性。这些权重在应用于国家层面的同时，也会用于衡量样本中每个国家的代表性，以便得到22个国家的准确测算值。

36. 欲知更多详情，请见 http：//ec. europa. eu/eurostat/web/microdata/structure - of - earnings - survey。

37. 参见 http：//www. cpc. unc. edu/projects/rlms - hse，http：//www. hse. ru/org/hse/rlms。

附录五

38. 方程式（2）中的协方差是 $2\times\sum_j\sum_i(w_j-\overline{w})(w_{i,j}-w_j)$，其中 $\sum_j\sum_i(w_{i,j}-w_j)$ 的和也可以表示为 $\sum_j(N(j)\times w_{i,j}-1/N(j)\sum w_{i,j})$，等于0；这是通过构造法所得的，因为方程式（1）为恒等式。

参考文献

Abowd, J.; Creecy, R.; Kramarz, F. 2002. *Computing person and firm effects using linked longitudinal employer–employee data*, working paper (New York, NY, Cornell University Department of Economics, March), unpublished.

—; Finer, H.; Kramarz, F. 1999. "Individual and firm heterogeneity in compensation: An analysis of matched longitudinal employer–employee data for the State of Washington", in J. Haltiwanger et al. (eds): *The creation and analysis of employer–employee matched data* (Amsterdam, North Holland), pp. 3–24.

—; Kramarz, F.; Margolis, D. 1999. "High wage workers and high wage firms", in *Econometrica*, Vol. 67, No. 2, pp. 251–333.

Adler, M.; Schmid, K.D. 2012. "Factor Shares and Income Inequality. Empirical evidence from Germany 2002–2008", in *Schmollers Jahrbuch: Journal of Applied Social Science Studies / Zeitschrift für Wirtschafts- und Sozialwissenschaften, Duncker & Humblot*, Berlin, Vol. 133, No. 2, pp. 121–132.

AFEP (Association Française des Entreprises Privées). 2008. *Recommandations sur la rémunération des dirigeants mandataires sociaux de sociétés dont les titres sont admis aux négociations sur un marché réglementé* (Paris, MEDEF).

—. 2013. *Code de gouvernement d'entreprises des sociétés cotées* (Paris, MEDEF).

Ahn, J. 2010. *Responses to draft ILO report "Estimation of global wage trends: Methodological issues"*, mimeo (Seoul, Korea Labor Institute).

Alvarez, J.; Benguria, F.; Engbom, N.; Moser, C. 2016. *Firms and the decline in earnings inequality in Brazil*, unpublished.

Andrews, M. J.; Gill, L.; Schank, T.; Upward, R. 2008. "High wage workers and low wage firms: Negative assortative matching or limited mobility bias?", in *Journal of the Royal Statistical Society: Series A (Statistics in Society)*, Vol. 171, No. 3, pp. 673–697.

Arpaia, A.; Prez, E.; Pichelmann, K. 2009. *Understanding labour income share dynamics in Europe*, Economic Papers No. 379 (Brussels, European Commission, May).

Azevedo, J.P.; Inchaust, G.; Viviane, S. 2013. *Decomposing the recent inequality decline in Latin America*, Policy Research Working Paper 6715 (Washington, DC, World Bank).

Baker, G.; Gibbs, M.; Holmstrom, B. 1994. "The internal economics of the firm: Evidence from personnel data", in *Quarterly Journal of Economics*, Vol. 109, No. 4, pp. 881–919.

Barth, E.; Moene, K.O.; Willumsen, F. 2014. "The Scandinavian model: An interpretation", in *Journal of Public Economics*, Vol. 117, Issue C, pp. 60–72.

—; Bryson, A.; Davis, J.C.; Freeman, R. 2016. "It's where you work: Increases in earnings dispersion across establishments and individuals in the U.S.", in *Journal of Labor Economics*, Vol. 34, No. 2, pp. S67-S97.

Becker, G.S. 1964. *Human capital: A theoretical and empirical analysis, with special reference to education* (Chicago, IL, University of Chicago Press).

Belman, D.; Wolfson, P. 2014. *What does the minimum wage do?* (Kalamazoo, MI, W.E. Upjohn Institute for Employment Research).

—; Wolfson, P. 2016. *What does the minimum wage do in developing countries? A review of studies and methodologies* (Geneva, ILO).

Bengtsson, E.; Waldenström, D. 2015. *Capital shares and income inequality: Evidence from the long run*, IZA Discussion Paper No. 9581 (Bonn, IZA).

Betcherman, G. 2015. "Labor market regulations: What do we know about their impacts in developing countries?" In *World Bank Research Observer*, Vol. 30, No. 1, pp. 124–153.

Blau, F.D.; Kahn, L.M. 2003. "Understanding international differences in the gender pay gap", in *Journal of Labor Economics*, Vol. 21, No. 1, pp. 106–144.

—; Kahn, L.M. 2009. "Inequality and earnings distribution", in W. Salverda, B. Nolan and T. Smeeding (eds): *The Oxford handbook of economic inequality* (Oxford, Oxford University Press), pp. 177–204.

Bonhomme, S.; Lamadon, T.; Manresa, E. 2015. *A distributional framework for matched employer employee data*, unpublished.

Bound, J.; Johnson, G. 1992. "Changes in the structure of wages in the 1980s: An evaluation of alternative explanations", in *American Economic Review*, Vol. 82, No. 3, pp. 371–392.

Card, D.; Cardoso, A.R.; Heining, J.; Kline, P. 2016. *Firms and labor market inequality: Evidence and some theory*. Available at: http://davidcard.berkeley.edu/papers/CCHK-march-2016.pdf.

—; —; Kline, P. 2015. *Bargaining, sorting, and the gender wage gap: Quantifying the impact of firms on the relative pay of women*, NBER Working Paper 21403, July (Cambridge, MA, National Bureau of Economic Research).

—; Heining, J.; Kline, P. 2013. "Workplace heterogeneity and the rise of West German wage inequality", in *Quarterly Journal of Economics*, Vol. 128, No. 3, pp. 967–1015.

Dar, A.; Tzannatos, P.Z. 1999. *Active labor market programs: A review of the evidence from evaluations*, Social Protection Discussion Paper No. 9901 (Washington, DC, World Bank).

D'Hombres, B.; Elia, L.; Weber, A. 2013. *Multivariate analysis of the effect of income inequality on health, social capital, and happiness*, JRC Scientific and Policy Reports, Report EUR 26488 EN (European Commission Joint Research Centre).

Doucouliagos, H.; Stanley, T.D. 2009. "Publication selection bias in minimum wage research? A meta-regression analysis", in *British Journal of Industrial Relations*, Vol. 47, No. 2, pp. 406–426.

Ehrenberg, R.; Smith, R.S. 2013. *Modern Labor Economics: Theory and public policy*, Chapter 5, Eleventh Edition (Prentice Hall).

Ehrlich, C.; Kang, D.S. 2001. "Independence within Hyundai", in *University of Pennsylvania Journal of International Economic Law*, Volume 22, Issue 4 (Winter), pp. 709 ff.

Engbom, N.; Moser, C. 2016. *Earnings inequality and the minimum wage: Evidence from Brazil*, unpublished.

Euromonitor. 2014. *World Consumer Income and Expenditure Patterns, 2014*, 14th edition.

Eurostat. 2015. "9 out of 10 enterprises in Europe employ fewer than 10 persons", Eurostat Press release 201/2015, Nov.

Fisher, I. 1933. "The debt–deflation theory of great depressions", in *Econometrica*, Vol. 1, No. 4, pp. 337–357.

Francese, M.; Mulas-Granados, C. 2015. *Functional income distribution and its role in explaining inequality*, Working Paper WP/15/244 (Washington, DC, IMF).

Freeman, R. 2011. *Accounting for the self-employed in labour share estimates: The case of the United States*, OECD Science, Technology, and Industry Working Papers, 2011/04 (Paris, OECD).

Gollin, D. 2002. "Getting income shares right", in *Journal of Political Economy*, Vol. 110, No. 2, pp. 458–474.

Gorodnichenko, Y.; Sabirianova, K.; Stolyarov, D. 2010. *Inequality and volatility moderation in Russia: evidence from micro-level panel data on consumption and income*, NBER Working Paper No. 15080 (Cambridge, MA, National Bureau of Economic Research).

Grimshaw, D.; Rubery, J. 2015. *The motherhood pay gap: A review of the issues, theory and international evidence* (Geneva, ILO).

Guerriero, M. 2012. *The labour share of income around the world: Evidence from a panel dataset*, Development Economics and Public Policy Working Paper Series WP No. 32/2012 (Manchester, Institute for Development Policy and Management).

Hayter, S. 2015. "Unions and collective bargaining", in J. Berg (ed.): *Labour markets, institutions and inequality: Building just societies in the 21st century* (Cheltenham and Geneva, Edward Elgar Publishing and ILO).

Heckman, J.J.; Lochner, L.J.; Todd, P.E. 2003. *Fifty years of Mincer earnings regressions*, NBER Working Paper No. 9732 (Cambridge, MA, National Bureau of Economic Research).

Helpman, E.; Muendler, M.; Redding, S. 2015. *Trade and inequality: From theory to estimation*, unpublished.

Herr, H. 2009. "The labour market in a Keynesian economic regime: Theoretical debate and empirical findings", in *Cambridge Journal of Economics*, Vol. 33, No. 5, pp. 949–965.

—. 2015. "Japan", in M.V. Klaveren, D. Gregory and T. Schulten (eds): *Minimum wages, collective bargaining and economic development in Asia and Europe* (Basingstoke, Palgrave Macmillan), pp. 78–100.

Hertz, T.; Winters, P.; de la O, A.P.; Quiñones, E.J.; Davis, B.; Zezza, A. 2008. *Wage inequality in international perspective: Effects of location, sector, and Gender*, ESA Working Paper No. 08-08.

ILO (International Labour Office). 1944. *Declaration concerning the aims and purposes of the International Labour Organisation (Declaration of Philadelphia)*, International Labour Conference, 26th Session, Philadelphia, 10 May 1944; available at: http://www.ilo.org/wcmsp5/groups/public/---asia/---ro-bangkok/---ilo-islamabad/documents/policy/wcms_142941.pdf [25 Oct. 2016].

—. 1966. *Resolution concerning statistics of labour cost*, adopted by the 11th International Conference of Labour Statisticians (Geneva).

—. 1973. *Resolution concerning an integrated system of wages statistics*, adopted by the 12th International Conference of Labour Statisticians (Geneva).

—. 1993. *Resolution concerning the International Classification of Status in Employment (ISCE)*, adopted by the 15th International Conference of Labour Statisticians (Geneva).

—. 1998. *Resolution concerning the measurement of employment related income*, adopted by the 16th International Conference of Labour Statisticians (Geneva).

—. 2007. *Conclusions concerning the promotion of sustainable enterprises*, International Labour Conference, 96th Session, Geneva, June 2007; available at: http://www.ilo.org/wcmsp5/groups/public/---ed_emp/---emp_ent/documents/publication/wcms_093970.pdf [25 Oct. 2016].

—. 2008a. *Declaration on Social Justice for a Fair Globalization*, International Labour Conference, 97th Session, Geneva, 10 June, http://www.ilo.org/wcmsp5/groups/public/---dgreports/---cabinet/documents/genericdocument/wcms_371208.pdf [25 Oct. 2016].

—. 2008b. *Global Wage Report 2008/09: Minimum wages and collective bargaining – Towards policy coherence* (Geneva).

—. 2010a. *Global Wage Report 2010/11: Wage policies in times of crisis* (Geneva).

—. 2010b. *Trends Econometric Models: A review of the methodology*, 19 Jan. (Geneva, Employment Trends Unit).

—. 2012a. *Global Wage Report 2012/13: Wages and equitable growth* (Geneva).

. 2012b. *Decent work indicators: Concepts and definitions* (Geneva). Available at: http://www.ilo.org/wcmsp5/groups/public/---dgreports/---integration/documents/publication/wcms_229374.pdf [25 Oct. 2016].

—. 2014a. "Outcome of the discussion by the Committee on the Application of Standards of the General Survey concerning minimum wage systems", Committee on the Application of Standards at the Conference, International Labour Conference, 103rd Session, Geneva, 2014 (Geneva), p. 53. Available at: http://www.ilo.org/wcmsp5/groups/public/---ed_norm/---normes/documents/publication/wcms_320613.pdf [23 Oct. 2016].

—. 2014b. *World Social Protection Report 2014/15* (Geneva).

—. 2015a. *Global Wage Report 2014/15: Wages and income inequality* (Geneva).

—. 2015b. *Key Indicators of the Labour Market*, 9th edition (Geneva).

—. 2015c. *World Employment and Social Outlook: Trends* (Geneva).

—. 2015d. *Promoting collective bargaining* (Geneva).

—. 2016a. *Inclusive growth and development founded on decent work for all*, statement by Guy Ryder, ILO Director-General, to the International Monetary and Financial Committee of the 2016 Annual Meetings of the Boards of Governors of the World Bank and the IMF, 6 Oct. Available at: http://www.ilo.org/global/about-the-ilo/newsroom/statements-and-speeches/WCMS_531665/lang--en/index.htm [25 Oct. 2016].

—. 2016b. *Non-standard employment around the world: Understanding challenges, shaping prospects* (Geneva).

—. 2016c. *World Employment and Social Outlook: Trends* (Geneva).

—. 2016d. *World Employment and Social Outlook: Transforming jobs to end poverty* (Geneva).

—. 2016e. *Minimum wage policy guide* (Geneva).

—; OECD (Organisation for Economic Co-operation and Development). 2015. *The labour share in G20 economies*, with contributions from IMF and World Bank Group, report prepared for G20 Employment Working Group, Antalya, Turkey, 26–27 Feb.

IMF (International Monetary Fund). 2012. "The labor share in Europe and the United States during and after the Great Recession", in *World Economic Outlook: Growth resuming, dangers remain*, Apr. (Washington, DC), pp. 36–37.

—. 2016a. *World Economic Outlook: Too slow for too long*, Apr. (Washington, DC).

—. 2016b. *World Economic Outlook: Subdued demand: Symptoms and remedies*, Oct. (Washington, DC).

Iranzo, S.; Schivardi, F.; Tosetti, E. 2008. "Skill dispersion and firm productivity: An analysis with employer–employee matched data", in *Journal of Labor Economics*, Vol. 26, No. 2, pp. 247–285.

Jacobson, M.; Occhino, F. 2012. "Labor's declining share of income and rising inequality", in *Economic Commentary*, No. 2012-13, 25 Sep. (Cleveland, OH, Federal Reserve Bank of Cleveland).

Jeong, Y.; Gastwirth, J.L. 2010. *Comments on the draft ILO report "Estimation of global wage trends: Methodological issues"*, mimeo (Montreal and Washington, DC, HEC Montreal and George Washington University).

Karabarbounis, L.; Neiman, B. 2014. "The global decline of the labor share", in *Quarterly Journal of Economics*, Vol. 129, No. 1, pp. 61–103.

Katz, L.F.; Revenga, A.L. 1989. "Changes in the structure of wages: The United States vs. Japan", in *Journal of the Japanese and International Economies*, Vol. 3, No. 4, pp. 522–553.

Krueger, A. 1999. "Measuring labor's share", in *American Economic Review*, Vol. 89, No. 2, pp. 45–51.

—; Summers, L.H., 1988. "Efficiency wages and the inter-industry wage structure", in *Econometrica*, Vol. 56, No. 2, pp. 259–293.

Kuddo, A.; Robalino, D.; Weber, M. 2015. *Balancing regulations to promote jobs: From employment contracts to unemployment benefits* (Washington, DC, World Bank Group).

Kuroda, H. 2014. "Deflation, the labor market, and QQE", remarks at the Economic Policy Symposium held by the Federal Reserve Bank of Kansas City, Aug.

Lane, J. 2009. "Inequality and the labor market: Employers", in W. Salverda, B. Nolan and T. Smeeding (eds): *The Oxford handbook of economic inequality* (Oxford, Oxford University Press), pp. 204–230.

Lazear, E.P. 1993. "The economics of professional etiquette: Discussion", in *American Economic Review,* Vol. 83, Issue 2, May, p. 44.

—; Oyer, P. 2004. "Internal and external labor markets: A personnel economic approach", in *Labour Economics*, Vol. 11, No. 5, pp. 527–554.

—; Shaw, K.L. 2007. "Personnel economics: The economist's view of human resources", in *Journal of Economic Perspectives*, Vol. 21, No. 4, pp. 91–114.

—; — (eds). 2009. *The structure of wages: An international comparison* (Chicago, University of Chicago Press), esp. "Wage structure, raises, and mobility: An introduction to international comparisons of the structure of wages within and across firms", pp. 1–58.

—; —; Stanton, C.T. 2016. *Who gets hired? The importance of finding an open slot*, Working Paper 16-128, Harvard Business School (Cambridge, MA).

Lee, S.; Sobeck, K. 2012. "Low-wage work: A global perspective", in *International Labour Review*, Vol. 151, No. 3, pp. 141–155.

Lentz, R.; Mortensen, T.D. 2010. "Labor market models of worker and firm heterogeneity", in *Annual Review of Economics*, Vol. 2, pp. 577–602.

Leonard, M.; Stanley, T.D.; Doucouliagos, H. 2014. "Does the UK minimum wage reduce employment? A meta-regression analysis", in *British Journal of Industrial Relations*, Vol. 52, No. 3, pp. 499–520.

Lopes de Melo, R. 2015. *How firms affect wages: A structural decomposition.* Available at: https://economicdynamics.org/meetpapers/2014/paper_1032.pdf.

Low Pay Commission. 2014. *The future path of the national minimum wage*, Cm. 8817 (London, HMSO).

Lübker, M. 2007. "Inequality and the demand for redistribution: Are the assumptions of the new growth theory valid?", in *Socio-Economic Review*, Vol. 5, No. 1, pp. 117–148.

Machado, A.; Perez Ribas, R. 2010. "Do changes in the labour market take families out of poverty? Determinants of exiting poverty in Brazilian metropolitan regions", in *Journal of Development Studies*, Vol. 46, No. 9, pp. 1503–1522.

Machin, S.; Puhani, P. 2003. "Subject of degree and the gender wage differential: Evidence from the UK and Germany", in *Economics Letters*, Vol. 79, No. 3, June, pp. 393–400.

Maître, N.; Sobeck, K. Forthcoming. *Gender wage gaps among youth in developing countries*.

Massie, K.; Collier, D.; Crotty, A. 2014. *Executive salaries in South Africa: Who should have a say on pay?* (Johannesburg, Jacana).

Maurizio, R.; Vazquez, G. 2016. "The consequences of minimum wages on inequality: Evidence for Latin America", paper presented to National Minimum Wage Symposium and Policy Round Table, Johannesburg, University of the Witwatersrand, 2–4 Feb.

May, T. 2016. Keynote speech to UK Conservative Party Conference, 5 Oct. Available at: http://www.independent.co.uk/news/uk/politics/theresa-may-speech-tory-conference-2016-in-full-transcript-a7346171.html [27 Oct. 2016].

Mehran, F. 2010. *Estimation of global wage trends: Methodological issues*, mimeo (Geneva, ILO).

Mincer, J. 1974. *Schooling, experience, and earnings* (New York, National Bureau of Economic Research Press).

Mindestlohnkommission. 2016. *Erster Bericht zu den Auswirkungen des Gesetzlichen Mindestlohns* (Berlin).

Mortensen, D. 2005. *Wage dispersion: Why are similar workers paid differently?* (Cambridge, MA, MIT Press).

Murphy, K.M.; Welch, F. 1992. "The structure of wages", in *Quarterly Journal of Economics*, Vol. 107, No. 285, pp. 285–326.

Nataraj, S.; Perez-Arce, F.; Srinivasan, S.V.; Kumar, K.B. 2014. "The impact of labor market regulation on employment in low-income countries: A meta-analysis", in *Journal of Economic Surveys*, Vol. 28, No. 3, pp. 551–572.

Neumark, D.; Wascher, W. 2008. *Minimum wages* (Cambridge, MA, and London, MIT Press).

Nikkei Asian Review. 2016. "Corporate Japan embracing stock options for staffers", 16 Apr., available at: http://asia.nikkei.com/Business/Trends/Corporate-Japan-embracing-stock-options-for-staffers?page=1

Nopo, H.; Daza, N.; Ramos, J. 2011. *Gender earnings gaps in the world*, IZA Discussion Paper No. 5736 (Bonn, IZA).

OECD (Organisation for Economic Co-operation and Development). 2008. *Growing unequal? Income distribution and poverty in OECD countries* (Paris).

—. 2011a. *Divided we stand: Why inequality keeps rising* (Paris).

—. 2011b. *In it together: Why less inequality benefits all* (Paris).

—. 2012. *Employment Outlook 2012* (Paris).

—. 2015a. *Focus on minimum wages after the crisis: Making them pay*, May (Paris).

—. 2015b. *In it together: Why less inequality benefits all* (Paris).

O'Reilly, J.; Smith, M.; Deakin, S.; Burchell, B. 2015. "Equal pay as a moving target: International perspectives on forty years of addressing the gender pay gap", in *Cambridge Journal of Economics*, Vol. 39, No. 2, pp. 299–317.

Ostry, J.D.; Berg, A.; Tsangarides, C.G. 2014. "Redistribution, inequality, and growth", IMF Discussion Note SDN/14/02, Feb. (Washington, DC, International Monetary Fund).

Peetz, D. 2015. "Regulation distance, labour segmentation and gender gaps", in *Cambridge Journal of Economics*, Vol. 39, No. 2, pp. 345–343.

Pew Research Center. 2014. "Emerging and developing economies much more optimistic than rich countries about the future", available at: http://www.pewglobal.org/2014/10/09/emerging-and-developing-economies-much-more-optimistic-than-rich-countries-about-the-future/

Piketty, T. 2014. *Capital in the twenty-first* century (Cambridge, MA, and London, Harvard University Press).

Rani, U.; Belser, P.; Oelz, M.; Ranjbar, S. 2013. "Minimum wage coverage and compliance in developing countries", in *International Labour Review*, Vol. 152, Nos 3–4, Special Issue: *Informality across the global economy – subsistence, avoidance and violation*, pp. 381–410.

Rubery, J.; Grimshaw, D. 2011. *Gender and the minimum wage* (Basingstoke and Geneva, Palgrave Macmillan and ILO).

Sabadish, N.; Mishel, L. 2012. *CEO pay and the top 1%: How executive compensation and financial-sector pay have fueled income inequality*, Issue Brief No. 331, 2 May (Washington, DC, Economic Policy Institute).

Särndal, C.-E.; Deville, J.-C. 1992. "Calibration estimators in survey sampling?", in *Journal of the American Statistical Association*, Vol. 87, No. 418, pp. 376–382.

Schäfer, A.; Gottschall, K. 2015. "From wage regulation to wage gap: How wage-setting institutions and structures shape the gender wage gap across three industries in 24 European countries and Germany", in *Cambridge Journal of Economics*, Vol. 39, No. 2, pp. 467–496.

Song, J.; Price, D.J.; Guvenen, F.; Bloom, N.; von Wachter, T. 2015. *Firming up inequality*, NBER Working Paper 21199, May (Cambridge, MA, National Bureau of Economic Research).

Sorkin, I. 2015. *Ranking firms using revealed preference*, unpublished.

Tillé, Y. 2001. *Théorie des sondages: Echantillonage et estimation en populations finies* (Paris, Dunod).

—. 2010. *Expertise report on the "Estimation of global wage trends: Methodological issues"*, mimeo (Neuchâtel, Institute of Statistics, University of Neuchâtel).

Trapp, K. 2015. *Measuring the labor share of developing countries: Learning from social accounting matrices*, WIDER Working Paper 2015/041. See also a summary at: http://www1.wider.unu.edu/inequalityconf/sites/default/files/posters/Trapp-poster.pdf [25 Oct. 2016].

Ugarte, S.M.; Grimshaw, D.; Rubery, J. 2015. "Gender wage inequality in inclusive and exclusive industrial relations systems: A comparison of Argentina and Chile", in *Cambridge Journal of Economics*, Vol. 39, No. 2, pp. 497–535.

UN (United Nations). 2016. *Progress of the World's Women 2015–2016: Transforming economies, realizing rights* (New York, NY, UN Women).

Visser, J.; Hayter, S.; Gammarano, R. 2015. *Trends in collective bargaining coverage: Stability, erosion or decline?,* Labour Relations and Collective Bargaining, Issue Brief No. 1, 29 Sep. (Geneva, ILO).

Weil, D. 2014. *The fissured workplace: Why work became bad for so many and what can be done to improve it* (Cambridge, MA, Harvard University Press).

Woodcock, S. 2011. *Match effects*, unpublished.

World Bank. 1999. *Russia: Targeting and the longer-term poor. Volume I – Main report* (Washington, DC).

—. 2012. "Overview", in *World Development Report 2012: Gender equality and development* (Washington, DC), pp. 2–40.

—. 2016. *Poverty and shared prosperity 2016: Taking on inequality* (Washington, DC).

本报告使用的数据库

European Commission, AMECO (Annual macro-economic database)

Eurostat, EU-SILC survey

Eurostat, SES

ILO, Global Wage Database

ILOSTAT

OECD Earnings Database

World Bank Open Database